Y. # 5499.

Manq. pages 203-204
à la fin du vol. p. 345

Yf 204°

LES TRAGEDIES ET HISTOIRES SAINCTES DE IEAN BOISSIN DE Gallardon,

I. contenant la deliurance d'Andromede & le [...] de Phinée.
II. la fatalité de Meleager & le desespoir d'Oenée [...]
III. les Vefues viuantes ou les amours de Philemin & Polibelle.
IV. le martyre de Sainct Vincent.
V. le martyre de Saincte Catherine.

A LYON,
De l'Imprimerie de SIMON RIGAVD,
Marchand Libraire en ruë Merciere

Aux Lecteurs,

I'Avois presque consacré au silence ces premiers fruicts qu'vne veine naturelle m'a fait enfanter: mais ayant receu tant de faueur du cœur Parnassië, i'offéserois si ie ne faisois paroistre quels effects produit le Nectar de la sacree fontaine fabricquee par le braue Coursier, de celuy qui tire la quinte-essëce de ma premiere Tragedie nommee Perseenne, le sujet de laquelle i'ay tiré des quatre & cinquiesme liures de la Métamorphose d'Ouide, cõme de mesme, ma fatalle du liure huictiesme pour les vrnes viuantes, ou les Amour' e Phelidon & Polibelle, en forme des Tragi-pastoralle, ie les ay limees sur vn ubject que i'auois gardé en mon ame, epuis quelques annees, les deux Histoires Sainctes ont esté tirees par moy, du iure de la vie des Sainctes, auec toute la aïfueté à moy possible, ce n'est ointle fruict que lon picore dans les Colleges qui m'a fait esclorre ces pieces, ains plustoft les faueurs diuines & du doublement, I'ay laiſſé beaucoup de fictions pour rechercher la plus grande facilité en icelles à moy poſſible, à fin de les rendre intelligibles à chacū: Receuez ce premier eſſay de bonne volonté, attendant quelque choſe plus ſauoureuſe, où i'ay commencé d'agriculturer, ie n'ay point accompagné mes œuures de chœur, attendu qu'on les retranche le plus ſouuent, en repreſentant les Hiſtoires, A Dieu.

L'Autheur

L'Autheur à ses Vers,
Sonnet.

Allez mes premiers nez, en despit de l'ennie
Vous monstrer à chacun, & dites hardiment,
Nous sommes de Boissin, & nostre enfantement
Vient du Nectar qu'il a puisé dans Castalie.

Si la saincte fureur de sa douce Vranie
N'a la fecondité, & le policement,
Que le dieu Apollon donne naïfuement,
Sa veine auec le temps se verra plus remplie.

Nostre pere n'a pas vn cœur ambitieux,
Pour mettre sur son chef le chappeau glorieux
Des mignons d'Helicon, & sans qu'il le merite.

Car il sera content de se voir couronné
Sur le mont Iumelet où il a butiné
Le passeport qui rend affranchi nostre piste.

A Monsieur Boissin sur sa Perséenne.
Sonnet.

S'il y a des autels au temple de memoire,
Destinez pour ceux-là qui les ont meritès,
On y doit esleuer cet œuure meritoire
Que Boissin va laissant à la posterité.

S'il y a de l'honneur, s'il y a de la gloire,
Pour les esprits qui ont des subiets inuentez,
On doit edifier vn grand pilier d'yuoire,

Afin d'y afficher ses rares qualitez.
　　Persee que l'amour dans son beau sein allaitte,
Luy fait or'acquerir le nom de bon Poëte,
En Andromeda aussi celuy-là ●●● fait.
　　Et moy iettant ●●●●ux sur cette Tragedie
Ie profere ces mots auec mon Vranie,
Puisse vivre tousiours celuy-là qui l'a fait.
　　　　　　　　　　　　　　Richon.

Au mesme sur sa Fatalle.

Sonnet.

I'Admire ton esprit chantre Castalien,
Et tes fluides vers merueille de cet aage,
Le sainct sacré troupeau du mont Parnassien,
D'vn rameau tousiours verd couronne ton ouurage.
　　De ton Meleager ce Calidonien,
De qui les grands effets publient son courage,
Dans ton liure ie voy le bois Fatalien
D'où dependoit ses iours, & sa vie, & son aage.
　　Qui s'estant asseruy dessous vne beauté,
Pour tesmoignage seur de sa fidelité,
Tu a deux oncles siens pour soustenir sa mie.
　　Ouurage si poli, si braue, si parfait,
Si mignard, si coulant, & si plein d'ambrosie
Qu'il ne se peut rien voir au Monde de mieux fait.
　　　　　　　　　　　　　　Richon.

Au

Au mesme, sur sa Tragi-pastoralle.

Stances.

Toy qui as visité les deux sacrez couppeaux,
  Qui sont dessus Parnasse,
Loüange auecque moy les verdissans rameaux
  Que la neufuanie enlace,
Pour decorer le chef de ce fils d'Apollon,
Qui chante les amours du berger Phelidon,
Orphee fit mouuoir le fueillage du bois,
  Au doux son de sa lire.
Arion mariant sa harpe auec sa voix,
  Nauigea sans nauire.
Mais s'ils ont sçeu charmer les aureilles des Dieux,
Boissin tu sçais rauir celle des curieux:
Bref ne se peut rien voir au monde de si beau,
  Comme sa pastoralle,
Où Phélidon conduit dans vn paste tumbeau,
  Son amante loyalle,
Et le subiect y est si bien representé,
Qu'il le fait consacrer à l'immortalité.

        Richon.

Au mesme sur le martyre de Sainct Vincent.
Stances.

PElerin d'Helicon qui d'une longue haleine,
Exposes en public mille subiects divers,
Que tu as espuisez dans la saincte fontaine,
I'honore ton discours, & i'admire tes vers.

Il faudroit un esprit (non pas un Vranicque,)
Pour chanter comme toy la mort de sainct Vincent,
Mais plustost il faudroit une voix Angelicque,
Puis que sous tant de maux il alloit pastissant.

Les hommes qui verront un si docte langage,
Tous unanimement te donneront du los,
Disans aueques moy, vive ce bel ouurage,
Et celuy qui l'a fait en despit d'Atropos.

Mais si en te loüant ie commets quelque faute,
Supplee ie te prie à tous mes manquements,
Car de vouloir loüer une chose si haute
N'appartient qu'à celuy qui a beau iugement.

Richon.

LA PERSEENNE,
OV DELIVRANCE
D'ANDROMEDE,

A MONSEIGNEVR LE
Comte de Rouſſillon.

IVERSES agitations ont occupé mon eſprit pour me reſoudre à vous preſenter le premier Nectar que i'ay peu naturellement tirer de la ſource Pegaſide: car d'vn coſté ie conſiderois que vous faiſant cet offre, c'eſtoit ſacrifier le fruict du

EPISTRE.

Delien au Delien mesme, & duquel les Muses tirent leur honneur, de l'autre ie iugeois que si ie ne vous rendois ce qui est en toute façon vostre, ie me priuois des graces de la neufuaine trouppe, ces extremitez balancées, les deuoir, honneur, respect, & seruice, que ie dois à vostre grādeur, ont pris le centre, à fin de sacrifier à leurs autels Persee, auec ses ardeurs Paphiënes, ou plustost hazardeuses, pour la deliurāce de l'vnicque Ethiopienne, Andromede accompagné de son bāquet nuptial, & des malheurs de Phinee, encore que son pennache l'ait rēdu glorieux, contre le dragon destiné pour siller l'ame de son ame, il le cognoit debile pour voler par le

d

EPISTRE.

monde François, s'il n'est accompagné de celuy que vous luy donnerez en l'acceptant soubs vos faueurs, donnez les luy pour phare, MONSEIGNEVR, car marchant en l'ombre des drapeaux de vostre bié-veilláce, ceste colomne luy seruira de targue, pour faire pied ferme contre les enuieux de celuy qui le vous presente, crayonné en forme Tragicque, C'est,

MONSEIGNEVR,

   Vostre tres humble, tres-obeissant, & tres-fidelle seruiteur,
   BOISSIN.

LES ACTEVRS,

Cassiope,
Sa Damoiselle,
Andromede,
Iupiter,
Cephée, Roy d'Ethiopie,
Persée,
Phinee Roy,
Thoastre son escuyer,
Le maistre d'hostel de Cephée,
Les deux Princes,
Pallas Deesse,

ACTE PREMIER,

CASSIOPE, SA DAMOISELLE, ANDROMEDE, IVPITER.

Cassiope.

Vis que tout le grand tout, qui d'vn Gra tient son estre,
Et tout ce tout qui peut à nos yeux apparoistre,
Est d'vn estre parfait que la terre & les cieux,
Les celestes flambeaux, astres delicieux:
Les elements diuers l'essence volatille,
Et bref tout animal qui picore & qui pille:
Ce qui est propre, à fin d'auoir son aliment
En leur cours naturel son parfait tellement.
Que Iamais aucun d'eux ne s'esloigne & decline,
De ce qu'il a receu de sa prime origine:
Ie puis bien confesser, que la perfection
Tient son premier degré de l'inclination:
Car si l'homme est enclin à faire quelque ouurage,
C'est la perfection qui luy donne courage:
Mais ô perfection où se pourras tu uoir,

Acte premier.

Où sera ton sejour qui a sur toy pouuoir?
Sera-ce les thresors qui te tiendront serree,
Non, non, ce n'est pas là que tu es admiree:
Diray-je que tu es enclose aux dignitez,
Nenny: car nous voyons charger les royautez
Qui se doit enfanter, ô perfection rare,
Ah! ie l'ay descouuert, ie voy desia ton phare,
Dont les raiz transparents, bel object de mes yeux,
Passe l'estre accompli du premier des grands dieux.
Ie te salue donc, ô grand mere nature,
[v]oyant tes raretez estre en ma geniture:
[Re]çoy ce mien discours que ie fay humblement,
[Po]ur vser enuers toy de remerciement.
[Luy] remercier, puis que mon Andromede,
[Ce] que iadis tu fis de parfait, elle excede:
[G]races doncques à toy, ô mere des humains,
[Ie] te rends pour auoir vuidé tes larges mains
[A] l'accomplissement de ce qui est moy-mesme,
[E]t que i'exalteray iusqu'au dernier extreme:
[V]ire iusques à tant que la fiere Atropos
[D]ans ses vrnes ira preparer mon repos.
[An]dromede, Andromede, approche toy, ma fille,
[Ie] veux voir tes cheueux que Zephire esparpille:
[Ce]s flambeaux dont l'ardeur passant mille brandons,
[P]our vn œil gehenneroyent autant de Cupidons,
[Mai]s ie sors hors de moy quand ma veuë s'abaisse
[Sur] ces deux bords pourprez, dont l'vne l'autre se
[pr]esse:

d'Andromede & Phinée.

Pour letter vn soubs-ris, soubsris si attirant,
Que luy n'a iamais veu rien de plus martyrant.
Ie n'aurois iamais fait si ie suiuois la liste
De ce chef d'œuure-là, l'entreprise ie quitte:
Or ie nourris pourtant mon cœur d'ambition,
Andromede voyant en sa perfection,
Captiuer icy bas les hommes sur la terre,
Sans pouuoir l'esgaller, voire mesme la gloire
Des gouuerneurs du ciel n'ose pas l'approcher,
Les traits que de ses yeux on luy voit decocher.
Passent ceux de Diane en ses forests sombreuses,
Et peuuent obscurcir ses forces radieuses:
Il n'est qu'vne Andromede, il n'est que sa beauté.

Damoiselle.

Madame gardez vous de rendre despité
Quelque dieu de là haut, sur tout celuy qui tonne,
Il peut dompter celuy qui trop se passionne.

Cassiope.

S'il auoit de ses yeux contemplé le subject,
Dont ie tiens mon discours à vn si bel object,
Il cederoit m'amour son diuin heritage.

Damoiselle.

Les dieux sont clairs-voyas & sçauent le lāgage,
Dont vous auez vsé.

Cassiope.

Cela ne me fait rien,
Et ie n'offense point loüant ce qui est mien.

Damo

Acte premier.

Damoiselle.

Il est bon de loüer, pourueu que l'on n'offence
Ceux qui peuuent sur nous auoir de la puissance:
Loüant ce qui est sien, & l'autruy mesprisant
Pour en tirer raison, l'honneur va induisant.

Cassiope.

Vous auez bien parlé, aussi ie ne veux faire
Que publier le los d'Andromede, & sa gloire.

Damoiselle.

Comme nous elle doit peager à la mort:
Car nul sinon les dieux n'est exempt de son sort.

Cassiope.

Elle ne mourra point, car ie croy que la Parque,
Le nautonnier chenu qui sur stix tient sa barque:
Ne l'osent attacquer.

Damoiselle.

Ne vous y fondez pas,
Car que sert la beauté sinon d'vn vain appas,
Qui captifue le sens & la raison humaine,
Et quand nous vieillissons nostre beauté se fenne.

Cassiope.

Ma fille ne se peut aux mortels comparer,
Qu'aux dieux quels qu'ils soyent on la peut mesurer.

Damoiselle.

Ah! madame, tout beau, quittez la vehemence,
De ce discours trop haut & craignez la puissance
De Iupin le tonnant.

Cassiope.

d'Andromede & Phinee.

Cassiope.
Mon sang ne luy doit rien.

Damoiselle.
Mais il n'aura iamais vn tumbeau terrien:

Cassiope.
Ne ma fille non plus.

Damoiselle.
Il faut qu'elle y arriue.

Cassiope.
Mais que pluftoft Iupin fous elle se captiue.

Damoiselle.
I'en aurois dans le cœur vn grand contentement.

Cassiope.
Elle ne peut l'aimer fans mon consentement,
Ma fille n'a iamais à son honneur fait tache,
Ainfi que fit Io qu'il transmua en vache:
On ne peut l'accuser d'aucune impureté,
Comme Europe iadis en Crete a efté.

Damoiselle.
Madame vous sçauez que la force nous dompte.

Cassiope.
Ma fille en sa beauté toute beauté surmonte.

Damoiselle.
Ie vous cede cela: mais quand Iupin voudroit
Vser de son pouuoir, Andromede il prendroit,
Sans que nul l'empeschaft, car sa force est bien grande.

Cassiope.
S'il desire l'auoir faut qu'il me la demande,

Acte premier.

Et si c'est mon plaisir ie luy accorderay,
S'il ne me plaist aussy, ie luy denieray,
Mon vnicque ie croy ne doibt rien à Minerue,
A Iunon que Iupin pour sa moitié conserue:
A Pallas encor moins, bref à tous les obiects,
Ou pour faire l'amour il prenoit ses subiects,
La Grece a publié la loüange d'Helene,
Et par tout l'vniuers Andromede à la sienne.

Andromede.

Ma mere obligez moy de quitter ce discours,
Car le ciel à son vueil destiné nostre cours:
Il esleue les vns, les autres il abaisse,
Et le cœur par trop sur bien souuent il oppresse.
Si nature a esté prodigue en me formant
Dans vostre flanc royal auec tout l'ornement,
Que vous m'attribuez, il ne faut ce me semble
Faire que vostre cœur vn cœur d'orgueil ressemble.
Nous dependons des dieux, lesquels sont immortels:
Mais las! ma mere helas! nous ne sommes pas tels:
Ne me loüez point tāt craignās q̃ quelque esclādre
Ils ne facent en bref pour nous punir descendre.
Se iouer à son maistre il n'y a nul plaisir,
Et puis le plus souuent on n'a pas le loisir
De leur crier pardon, mesme d'ouurir la bouche,
Puis nos cris sont sans fruict lors que le mal nous
    touche.

Cassiope.

Ah! si tu n'auois point dedans mon flanc esté,

d'Andromede & Phinée.

Ie croirois le seiour du ciel s'estre appresté:
Mais si tu ne l'as pas, tu le merite bien.

Andromede.
Ma mere excusez moy, ie ne merite rien.

Cassiope.
La fille Inacheienne en Egypte adorée,
De beauté comme vous n'a esté decoree.

Andromede.
Ma mere croyez moy, croyez-moy qu'elle auoit
En soy de l'accomply duquel elle sçauoit
Dompter ce puissant Dieu à vser de recherche.

Cassiope.
Vous pouuez ainsi qu'elle à son cœur faire breche.

Andromede.
Vous sçauez que l'amour rend le cœur transporté.

Cassiope.
Quand sur vn beau subject il s'a rendu porté.

Andromede.
Iupin à son plaisir cherit d'autres pucelles.

Cassiope.
Celles-là qu'il tenoit plus que vous ne sont belles.

Andromede.
Pour le rendre captif il faut vn beau subiect.

Cassiope.
L'amour ne trouue rien de manque en son obiect.

Andromede.
Ie ne puis surpasser la belle Nonacrine.

Cassiope.

Vostre

Acte premier

Voſtre ſeule beauté rend beauté ruyne.
Andromede.
Ie n'ay pas merité iouïr de ſon amant.
Caſsiope.
Vous luy pouuez donner plus qu'elle de tourment.
Andromede.
L'on a fait tant eſtat de Cipris la deeſſe.
Caſsiope.
Sa loüange a eſté d'eſtre vne adultereſſe.
Andromede.
Tant d'autres n'ont iamais à leur honneur touché.
Caſsiope.
Ie veux que voſtre nom pres d'elle ſoit couché,
Comme eſtant le flambeau qui eſclaire noſtre aage.
Andromede.
Ma mere delaiſſons s'il vous plaiſt ce langage,
Sans le continuer auec la vanité:
Mais puis que nous auons tant de commodité,
Allons paiſtre nos yeux ſur la robe changeante,
Deſflore & picorer ſa ſaueur odorante,
Aſtree en ſon berger nous fera ce plaiſir.
Iupiter.
Puis qu'vn courroux diuin mon cœur a peu ſaiſir,
Pour vanger le meſpris de ma force diuine,
Force qui a moulé la celeſte machine:
Il en faut voir le bout, ah! c'eſt trop entrepris:
Il faut, il faut punir ces inſenſé meſpris,
Il ne permettra pas que Iupiter on dis

d'Andromede & Phinee,

De courage estre mol, sa force abastardie:
Moy qui a autresfois puny tant de geants,
Que l'Enfer tient serrez en ses centres beants:
Ils auoyent dans leur cœur l'arrogance glissee,
Pour oster de mes mains la voute lambrissee.
Le mont Pinde en peut dire la verité,
Où mes foudres agus ie fis voir irrité:
Quoy! ne croira-on pas que i'aye autant de force,
Comme i'auois alors qu'ils eurent ceste entorse.
Ie iure on le verra estant fort allumé,
Pour punir Cassiope, & son subiect aimé:
Blasmer mes actions supresmes & diuines,
Pour loüer celles là subiettes à ruynes.
C'est auoir trop d'orgueil, c'est parlé follement:
Mais en bref i'en auray vn bon ressentiment,
Les foudres, les esclairs, que ma main desueloppe,
Ne t'espargneront pas, ingrate Cassiope.
Vrayement ie tirerois le pardon de mon cœur,
Si contre ma Iunon tu estois sans rancœur,
Et contre celles là que iadis i'ay aimees
Que tu as sans raison, impudente, blasmees:
La genoride enfant iamais ne se messit,
Et si elle m'aima son deuoir elle fit,
Celle que conserua l'homme à l'œil centiesme,
M'aima recognoissant que ie l'aimois de mesme:
Si elles ne l'ont fait d'vn bon consentement,
Forcees ie les ay par le rauissement.
Quand on a bien pris sans auoir recompense,

On

On estime que c'est un desdain, une offense:
Les humains font cela, à plus forte raison.
Moy dont l'estre divin a tousiours sa saison.
Serois-ie retenu de monstrer ma iustice
Sur cette Cassiope & son plus cher delice:
Non, non ie monstreray comme ie suis puissant,
Andromede envoyant au manoir paslissant
De mon germain qui a tousiours pour sentinelle
Vn portier à trois chefs dont la dent est cruelle:
Mais pourquoy Cassiope as tu tant sermonné
A ton espoux s'auois le sceptre en main donné.
Plus liberalle encor ma bonté qui excede,
Pour aider vos vieux ans vous donna Andromede,
Que tu voulois induire à me faire la loy,
Luy partageant cela qui se refere à moy.
I'ay ouy que tu as remercié nature,
Qui ne peut sans mon vueil forger la creaturé
Et moy ie n'ay rien du que du contemnement,
Ma deïté en est marrie tellement,
Qu'elle mesme me pousse à guerdonner ce crime,
Avant que cela soit ie veux que l'on estime,
Que le ciel m'obeys, & veux espouuanter,
Voire plus s'il me plaist destruire à crauanter
Cephée, & son palais, Cassiope la fiere,
Faisant crouler sur eux mon esclatant tonnerre:
Venez foudres, venez, pourquoy tardez vous tant,
Ie les entends venir mon vueil executant.
C'est assez mes fleaux, sus que l'on se retire,

Et

d'Andromede & Phinee.

Et bien ne font ils pas ce que ie viens de dire:
Humbles m'obeissans, mais la temerité,
Aduancee à mon los certes a merité
Cassiope punir boursoufflee d'audace:
Mais pour luy demonstrer que ma force surpasse
Tous les desseins mondains, voicy le iugement
De ma diuinité qui fait tout iustement.
Que pour mettre Andromede en la tumbe paslie,
Ie veux qu'à vn rocher son corps iensnee on lie:
Liee en cet estat sans aucun aliment,
Elle verra finir sa vie & son tourment.
I'ay desia preparé vne beste cruelle,
Qui la deualera chez la parque mortelle:
Cassiope en faisoit son Dieu son fondement,
Qu'elle l'aille adorer pour son contentement.
Il ne sera pas temps qu'vn repentir la touche,
Quand sa fille aura cette roche peur couche:
Son acces en est loing & fascheux de tenter,
Au milieu d'Amphitrité où lon voit regenter
Neptune mon germain qui porte dans sa dextre
Le sceptre tridentin, or il me faut commettre
Quelques executeurs de ce decret final,
Ie les pourrois tirer du grand lac Auernal.
Ou des confins quadrez de tout mon grand ouurage,
Car tout marche pour moy auec vn grand courage:
Mais ie veux que ce soit mes genies hardis,
Qui sont prompts d'accomplir mes decrets, mes edits.
Allez donc mes enfans, faites que ie iouïsse

B

Acte premier

Du fruict de mon vouloir, qu'Andromede on ravisse:
Mon tonnerre grondant vous ira assister,
Si contre mon decret on vouloit resister.
Estant dedans vos mains, donnez moy cette ioye,
Qu'en bref ce fier dragon chez mon frere l'envoye:
Ie contempleray tout de mon palais vouté,
Faites voir que ie suis dompteur & redouté.

Damoiselle.

Helas! à quel malheur, à quelle destinee,
Andromede avois-tu en ce monde esté nee,
Pour ioüyr quelque temps d'vn aise passager,
Qui va auant le temps aux Vrnes se changer?
Quel rigoureux vouloir ô cruelle sentence,
De punir l'innocent pour celuy qui offence:
Regne Ethiopien tu es infortuné,
Ignorant du decret que Iupin a donné,
Decret par trop fatal, decret plein de rudesse,
Qu'il te faudra subir, ô vnicque Princesse:
Tu n'as pas fait le mal, c'est celle dont tu tiens
La vie, & nonobstant tu es dans les liens.
O grand dieu Iupiter c'est estre trop seuere,
Se vanger sur l'enfant du crime de la mere:
Ceste fille qui vient seulement en sa fleur,
Estre le nutriment d'vn grand dragon sifleur.
Cadenacée encor à vn grand promontoire,
Au milieu du palais où Thetis tient sa gloire:
Sans esperer secours pourroi-ton endurer
Le supplice fascheux qui se doit tortureur.

Ton

d'Andromede & Phinee.

Andromede, Andromede, ah! mon tout, ma belle ame,
Ton desastre en mon cœur me produit vne allarme,
Qui ne s'acheuera que par extremitez,
Si apres le destin de nos iours limitez.
Lors que nos ames vont chez Pluton comparoistre,
Il leur reste ce bien de s'entrerecognoistre:
I'esliray le tombeau par les afflictions,
Ou mon seruice aura peur toy ses functions,
Ie vay participer au mal, à la destresse,
Que porteront pour toy mon Roy & ma Princesse.

ACTE SECOND.

ANDROMEDE,
CEPHEE,
CASSIOPE,
PERSEE.

Andromede.

PArtagerez vous point, chers Ethiopiens,
Partagerez vous point, bien aimez citoyens,
A mon sort desastreux mes liens & mes chaines,
Mes soucis, mes trauaux, mes tourmens & mes peines?
Helas! vous me voyez sans aucun vestement,
Priuée pour iamais du Royal parement:
Ce qui sert maintenant à mon corps de dorure,
Est le fer qui l'attache à cette roche dure.
Las! que i'eusse receu vn trait plein de douceur,
Si vn suffoquement eust esté meurtrisseur:
De mon corps, dans le flanc d'où me tira Lucine,
Ou bien si quelque sort eust tramé ma ruine.
Ah! fortune est ce ainsi que tu te vas iouänt
Dés nous paures humains en nous amadoüant:
D'vn plaisir raccourcy, que me sert d'estre nee
Fille d'vn Empereur, pour estre destinee

La proye & le butin d'vn veneneux glouton,
Qui d'vn seul coup de dent me mettra chez Pluton:
Toy mere des humains qui m'auois faict si belle,
Tu te deurois armer pour prendre ma querelle,
Me mettre en liberté, & d'vn cœur addouci,
Suffoquer mes trauaux, estouffer mon souci:
Mais las! c'est mon destin, il faut que ie le suiue,
Et qu'au bord Stigien en peu de temps i'arriue.
Ce n'est pas ma beauté qui attente sur moy,
Ce n'est pas mon forfait qui cause mon esmoy:
C'est d'auoir trop parlé, ah! ma mere, ma mere,
Ma beauté maintenant vous nourrit de misere.
Vostre discours trop vain, vos violents propos
Ne sont auant le temps le butin d'Atropos:
Vous desspitez les dieux sans cognoistre leur force,
Croyant que ie pouuois leur donner quelque amorce.
Regardez, regardez, s'ils ont quelque vouloir
De me tirer du lieu où il me faut douloir:
Las! ma mere nenny plustost ils m'ont rauie
Des bras du geniteur, duquel ie tiens la vie.
Pourquoy blasmiez vous tant le Nereide cœur,
Iusques à l'attacquer par vn discours mocqueur:
L'Agenoride aussi, & Iunon elle mesme,
Ma mere tout cela m'a mis en cet extreme:
Extreme bien cruel qui requiert vn remord,
Pour destourner l'orgueil qui complotte ma mort:
Mort qui ne seruira à la race future,
Sinon pour abhorrer vostre acte & forfaicture.

Ie n'aurois pas regret que ma ieune saison
Terminast si c'estoit auec iuste raison:
Et qui portast profit à ma terre natale.
S'il le falloit ainsi ie serois liberalle
Cent, & cent mille fois, & irois au trespas,
Sans apprehension, & d'vn agille pas:
C'est vn dire commun, & duquel ie collige,
Que les sujects souffrans le seul droit nous oblige
A l'aider, mais l'estat où le sort me reduit,
Fait tenter à mon cœur ces regrets qu'il produit:
Regrets si vehemens, pleins de pleurs & de larmes,
Que ie combats desia les Clothonides armes.

Cephee.

Pourquoy grāds dieux, pourquoy, ô sainctes deïtez,
M'auez vous appasté de vos felicitez:
Pourquoy, disie, pourquoy, vostre main liberalle
Nous va elle esleuant, puis subit nous deualle:
Seroit ce pour monstrer vostre force & pouuoir.
Helas! grands dieux nenny, on les peut assez voir:
Non ce n'est point cela: mais plustost vne ingrate,
Fait se mecognoissant que vostre foudre esclatte,
D'vn esclat que ie sens si fort me tenailler,
Que tout mon desir est les parques batailler:
Cruel, cruel object qui paroist à ma veüe,
Cruel, cruel object dont le regard me tue:
Pourray-ie subsister voyant à ce rocher
Mon vnicque, mon tout, sans pouuoir l'approcher,
Ah! ma pauure Andromede, ha! tendre geniture,

Quel secours auras-tu à ceste roche dure?
Sera-ce en me iettant à ces flots pour butin,
Et aller reuoquer l'arrest de ton destin?
Cela ne seroit rien, poserai-ie mon sceptre,
Dont les dieux de long temps ont honoré ma dextre:
Encore moins cela où est donc le secours,
Que tu dois esperer où sera mon recours.
Las, helas! ie ne sçay trop cruelle fortune,
Enuers moy tout à coup tu es trop importune:
Que me sert de porter vn diademe au chef,
Et voir mon corps qui est la proye du meschef.
Que seruent mes palais, mes thresors, & richesses,
Puis que l'on m'a rauy toutes mes allegresses:
Bref que me peut seruir viure encore ça bas,
D'Andromede priué où estoyent mes esbats,
Andromede faut-il que tu quittes ton pere.
Andromede.
Nos desastres communs deriuent de ma mere.
Cassiope.
Il est vray mon enfant i'ay le delict commis,
Mais Iupiter sur toy la vengeance a permis.
Andromede.
C'estoit à mon subject qui fut vostre langage.
Cephée.
Nous sommes sans enfans par vostre babillage,
Hé! que pleust aux grands dieux du doré firmament,
Vostre langue eust esté ce iour sans parlement:
Ce iour, dis-je, ce iour, que vostre contrecuidance,

B 4

Noſtre fille Iouant luy baſtit ſa ſouffrance:
Nous n'aurions maintenant au cœur tāt de douleurs,
Les yeux chargez de pleurs & le corps de malheurs.
Caſsiope.
Le ciel deuroit ſur moy exercer ſa colere:
Cephee.
Mais il n'a pas voulu en cela vous complaire.
Caſsiope.
Ie puis donc appeller iniuſtes ſes decrets.
Cephee.
Nous ne pouuons en nous comprendre ſes ſecrets.
Caſsiope.
Ie confeſſe auoir tort & par mon imprudence:
Cephee.
Mais vne autre ô malheur pour vous fait penitence,
Caſſiope, il n'eſt pas temps de ſe repentir.
Caſsiope.
Laslie deſirerois ſur mon corps reſſentir,
Pour punir mon forfait tous les malheurs du monde.
Cephee.
Leur comble deſſus nous en toute ſorte abonde,
Si que ie crains helas! d'vn deſeſpoir ſurpris,
Viſiter d'Eacus le domaine & pourpris.
Caſsiope.
O dieux verrez vous point quelle eſt ma repentance,
Et comme mes poulmons pouſſent de vehemence,
Mes prieres chez vous pour obtenir pardon,

Cephee

d'Andromede & Phinee.

Cephee.
Cela est inutil, ils veulent le guerdon
De vostre fol orgueil.

Cassiope.
Qu'ils prennent donc ma vie,
Laissant en liberté celle qu'ils ont ravie:
A fin d'estre l'appuy de vos ans ja chenus.

Cephee.
Ie vondrois que iamais ils ne fussent venus,
Pour voir sur mes vieux ans ma guirlande fennée,
Quel heur i'eusse receu si un doux hymenee
Ne nous eust assemblez, peut estre ie serois
Exempte de servir, de ris aux autres Rois.
Ie ne verrois encor exposer ma substance
A la dure mercy de ce dragon qui lance
Vn feu tant violent de sa gorge & ses yeux,
Que l'on n'a iamais veu rien de si furieux.
Cassiope voila que c'est que de trop dire,
Pour un peu de beauté trois souffrent de martyre:
Vous auez trop loüé ce qui deuoit perir,
Mais pleurez maintenant celle qui va mourir:
Pour moy ie n'en puis plus, ma force diminue.

Persee.
I'ay assez demeuré ombragé d'une nue,
I'ay assez guerroyé le colleque des vents,
Et volant dedans l'air veu les astres mouuans:
Porté sur le coursier qui façonna la source
Des poëtes i'ay fait mainte & diverse course,

Acte second

Trois fois i'ay visité des ourses la froideur,
Le cancre en occident, puis suiuant la rondeur
De l'ouurage qui est de forme orbiculaire,
I'ay couru l'orient, mais ne pouuant parfaire
Le circuit de ce rond noblement compassé,
Pour donner du repos à mon corps tout lassé.
Et la nuict m'empeschant par son essence obscure,
De pouuoir acheuer ma quarte quadrature:
Ie demande à loger pour trouuer du soulas
Dans le riche manoir Hesperien d'Atlas,
Où ie fus refusé auec plus de rudesse,
Que ne l'a pas puny mon ire vengeresse:
Mais comme ce matin l'aurore chasse nuict
Venoit pour bien heurer mon iournalier deduict,
Et que le blond Titan redonnoit, coustumiere,
Aux monts Micellessez les rais de sa criniere:
I'ay quitté, & Atlas, & la part d'occident,
Pour voir le regne où est Cephee resident.
Mais qu'est ce que-ie voy à ce grand promontoire,
Seroit-ce vne statue, ou quelque prisonniere:
Ce n'est rien de ces deux, ains vn demon noircy,
Qui sous ces ceps voilé fait son seiour icy,
Cela me fait fremir, mais quoy qu'il en aduienne,
Ie veux voir si cela est vne chose vaine:
Ou vn corps animé, & sans crainte de rien,
Pour mon support i'auray le chef Gorgonien.
Ie charge maintenant mon discours, ma parolle,
Voyant que beauté que ce dur roc accolle,

d'Andromede & Phinée.

Mont que tu es heureux tenant vn corps si beau,
Qui passe en ses attraits de l'amour le flambeau,
I'ay presque tournoyé la boulle vniuerselle:
Mais ie n'ay iamais veu vne fille si belle.
Des Nymphes la beauté ne m'a iamais surpris,
Encore moins dardé le mignon de Cypris,
Et cette esclaue cy me met en tel seruage,
Que mesme ie ne puis esbranler mon pennage
Contre le naturel des Ethiopiens,
La blancheur des blancheurs pres la sienne n'est riés,
Il est à presumer que ce beau corps deriue
D'vn dieu, puis que le fils d'vn Dieu elle captiue,
Contemplant seulement ses cheueux frisotez,
Le Paphien me rend iusqu'aux extremitez:
Mais s'il a decoché sur moy sa visue fleche,
Pour auoir guerison il faut que ie depesche
Quelques ambassadeurs pour luy faire sçauoir,
Comme pris en ses rets elle a sur moy pouuoir.
Non i'auray plustost fait moy-mesme mon message,
Et puis l'interrogeant ie sçauray son lignage:
Belle à quelle raison cens liens orgueilleux
Te tiennent ils serree à ce mont sourcilleux?
Tu ne merite pas vn lien si seuere,
Ains celuy que l'amour reciproque fait faire:
Ie desire sçauoir ton nom, sa parenté,
Ta terre, & quel malheur tient ton corps arresté,
A ce roc inhumain, dis le moy ma belle amie,
Tu deurois consenter le desir qui m'enflame,

B 6.

Acte second
Rien ne sert de celer ce que ie sçauray bien.
Andromede.
Ce desir curieux ne profitera rien,
Obligez moy de tant, & ie vous y connois,
Iettez les yeux ailleurs sans affliger ma vie,
Qui l'est desia assez.
Persee.
Croy que ie suis discret
Descouure moy ton mal, & ie seray secret
A garder ton honneur, que si tu le refuse,
Ie dis que tu n'es pas là sans que l'on t'accuse
De quelque enorme fait, & pour lequel punir
On y a mis ton corps, pour ses iours y finir.
Andromede.
Mes delits n'ont pas fait naistre mon infortune.
Persee.
Fay moy voir son sujett quand ie t'en importune,
Et si ie puis apres par vn sort hazardeux,
I'essayeray d'oster ton spectacle hideux.
Andromede.
Puis que vous m'e forcez par vostre humeur si sainte,
Du Roy des basanez m'a naissance est certaine.
Cephee renommee sur les enfans guerriers,
Dont le chef est cerné de martiaux lauriers,
Il n'a autre que moy, ie suis sa fille vnicque.
Persee.
Lier vn sang royal cela est bien tragiqe,
Et ie me doutois bien qu'vne telle beauté,

Qu'in

d'Andromede & Phinee.

Qu'inteſſençoit le ſang d'vne grand royauté:
Mais belle pourſuiuez.

Andromede.

La mere de tous hommes,
Et qui nous va moulant ainſi comme nous ſommes,
Me prodigua ce peu de beau que vous voyez
Sur mon corps, qui rendra mes iours bien toſt noyez.
Ma mere auec cela quoy que ſubiette aux parques,
Aux deeſſes & dieux elle fit des attacques:
Voire meſme à Iunon & tant d'autres beautez,
Où Iupiter auoit ſes plaiſirs decretez:
Et que ie meritois, ô ce qui me ruyne,
Beaucoup plus que ce dieu ſurpaſſant la Cyprine:
Mais qu'a fait ce moteur tout puiſſant & hardy,
Pour noyer cet orgueil & rendre abaſtardy
Le plaiſir que prenoit mon triſte & dolent pere,
En celle qu'il croyoit de ſon throſne heritiere:
Il m'a fait enleuer du royal baſtiment,
Pour me faire eſpouſer ce triſte monument:
Ie n'ay autre recours qu'aux pleurs que ie deſbonde,
Pour noyer mes trauaux en accroiſſant cette vnde:
Ah! dieux, voicy venir le fier executeur,
Qui me dois engloutir.

Cepheé.

O deſtin affronteur,
Quel creue-cœur ô dieux, faut-il que ie ſupporte,
Mon ſang eſtre traicté de ſi cruelle ſorte:
Quelle funebre fin ma fille mon enfant,

Acte second

Te voy-ie preparer, & t'aller estouffant.
Accusé de ton mal ceux qui t'ont donné estre,
Lesquels ne peuuent pas en liberté te mettre:
Cassiope, voilà d'estranges passions,
Ah! si le ciel vouloit que nous endurassions,
Ie me soubmettrois aux plus cruelles peines
Qu'on peust imaginer pour la tirer des siennes:
Mais mon desir est vain, & plus vain mon soucy.

Calsiope.

Que n'ay-ie butiné quelque sort adoucy,
Auant que de t'auoir dans mon ventre conceüe,
Tu ne serois pas là pour seruir de repuë
Au cruel animal qui te doit denorer,
Si ie pouuois pour toy Andromede endurer,
I'aurois le cœur contant.

Persée.

     Vostre propos ne pille
En rien la liberté que requiers vostre fille,
Il faut, il faut plustost en bref la secourir,
Et son corps si tendret empescher de mourir:
Ie vous assisteray pour ses liens distraire,
Et ce dragon cruel renuerser mort à terre:
Que si ie puis l'oster hors de ce dur lien,
Ie la veux espouser.

Cephée.

     Les faites nous ce bien,
De declarer le lieu d'où vostre estre deriue.

Persée.

d'Andromede & Phinee.

Persee.
Vous le sçaurez estant libre cette captiue.

Cephee.
Comment le pourrez vous, & ce mont aborder.

Persee.
Le faisant voulez vous ma demande accorder?

Cephee.
Ie ne puis: car ie l'ay à vn Roy fiancee.

Persee.
Sa liberté par luy deuroit estre aduancee.

Cephee.
Ie ne peus pas cela.

Persee.
Moy ie l'entreprendray,
Et de mon bras nerueux sans vie le rendray:
Ainsi comme i'ay fait du chef plein de couleuures,
Luy faisant ressentir mes martialles œuures.
Car ie ne recognois pour pere & geniteur,
Que celuy-là qui est de l'vniuers recteur:
Celuy dis-je lequel couuert d'vne eau doree,
Deflora Danaé en la Grece adoree,
Pour me mettre en son flanc Acrise est bien content,
Que par tous les climats en aille racontant,
Que ie suis de son sang, receuez moy pour gendre,
Si ie puis Andromede en sa liberté rendre.

Cephee.
M'amour que ferons nous en ces extremitez?

Cassiope.

Casiope.
Mon esprit balançant se voit des deux costez.
Cephee.
Le mien en est ainsi: mais quand ie considere,
Andromede viuant, mon regne estre prospere:
I'ay resout la donner quoy que puisse aduenir
A celuy-là qui veut sa vie soustenir.
Casiope.
Ce faisant vous allez fausser vostre promesse.
Cephee.
C'est la necessité qui à cela me presse.
Casiope.
Peut estre que le ciel nous donnera secours.
Cephee.
Il se presente à nous pour y auoir recours:
Mais vous voulez tousiours estre vne opiniastre,
Ie prens le tout au pis, c'est qu'il faudra combatre.
Casiope.
Sortant d'vn accident vn autre arriuera.
Cephee.
Vn petit accident vn grand enterrera,
Ah! ie veux embrasser cet heur qui me precede,
Car ie regiray tout tenant mon Andromede:
Iamais, non, non, iamais, ie ne m'amuseray
Aux sermens feminins, ains seul gouuerneray.
Casiope.
Ie sçay que nostre sang requiert la preferance.
Cephee.

Cephee.
Pourquoy dites vous donc que i'aye patience?
Cassiope.
C'est la crainte que i'ay qu'on vous vienne attacquer.
Cephee.
Ma promesse ie puis à bon droit reuocquer,
Car si Phinee à qui i'auois ma foy donnee
Eust en l'ame à l'amour vrayement addonnee:
Il fust venu icy (comme estant son deuoir)
Soit pour la deliurer ou au dueil s'esmouuoir:
Et ne l'ayant pas fait, à tres-bon droit ie donne
Ma fille à Persevs qui a l'ame plus bonne.
Cassiope.
Le voulez-vous ainsi.
Cephee.
Ouy certainement.
Cassiope.
I'approuue, vostre vueil de mon consentement,
Vous portant ce respect.
Cephee.
Persee sus belle ame,
C'est maintenant qu'il faut qu'vn desir vous en-
flame,
Affin de triompher en vos affections,
Si ma fille iouit de vos protections.
Ie la vous donneray pour espouse loyalle,
Et mettray à vos pieds ma couronne Royalle;
Roidissez vos tendons, enflez moy vostre cœur

Acte second

D'vn desir nompareil, à fin d'estre vainqueur.
Domptez moy ce dragon, cette cruelle beste,
De mille & mille coups, mipartissez sa teste:
Que l'on voye son flanc de tous costez ouuert,
Et vostre dard pointu de son sang tout couuert.
Courage Perseus à fin que l'on vous donne,
Pour orner vostre chef d'vn laurier la couronne:
Ie vous dy tout iedé faites vostre plaisir.

Persee.

Pourueu que l'animal me donne le loisir
De pouuoir arçonner mon courrier Pegaside,
Vous me verrez de luy en bref estre homicide,
Ayant mon dard en main ie seray asseuré:
Mais i'ay desia par trop en ce lieu demeuré,
Il faut en veoir la fin, vne ame genereuse,
De ce qu'elle entreprend triomphe glorieuse:
Allez vous consoler, & i'iray preparer,
Quelque arme qui fera vostre dueil separer.

ACTE

ACTE TROISIESME.

PERSEE,
CEPHEE,
CASSIOPE,
ANDROMEDE,
PHINEE ROY,
THOASTES, son escuyer.

Persee.

'Est l'heure maintenant qu'il faut que ie triomphe,
C'est l'heure maintenant qu'il faut auoir ma Nymphe:
Ah! pere Iupiter, enclinez vous vers moy,
Car sans vostre secours ie serois en esmoy.
Monstrez à vostre enfant l'amitié paternelle,
Puis que pour l'assister grand Dieu il vous appelle:
Faites qu'il soit exempt du poison infecté,
Que ce serpent cruel peut auoir humecté.
Ie demande pardon pour Cephee & sa femme,
Ie le demande encor pour cette petite ame:
Moderez vos rigueurs, si que pere benin,
De ce monstre hideux, i'espuise le venin.
Vous et lus loüé en v ant de clemence,

Que non pas de punir selon vostre puissance:
Flechissez les genoux Roy Ethiopien,
Et Cassiope aussi recognoissant combien
Vous avez offensé mon pere debonnaire,
Attaquant son pouvoir d'un propos temeraire,
Poussez vos cris là haut dans son palais vouté.
Cephee.
Nostre cry grand Iupin par toy soit escouté,
Voy nostre humilité exauce nos prieres,
Pour obtenir de toy la fin de nos miseres:
Monstre que tu n'es plus contre nous courroucé,
Ains plustost appaisé de nostre cry poussé,
Si bien qu'au grand iamais ta bonté nous oblige
De ne voir plus le mal duquel tu nous afflige.
Nous avons merité d'avoir punition,
Et d'estre au vif touchez pour nostre ambition:
Mais si nous cognoissons que grande est nostre faute,
Monstre que ta douceur est de beaucoup plus haute:
Et le faisans ainsi nous serons curieux
De te sacrifier comme premier des dieux.
Cassiope.
Et moy qui a commis & perpetré l'offence,
Ie t'adresse mes cris implorant ta clemence:
Retire tes fleaux, monstre toy adoucy,
Donne nous cet enfant, noye nostre soucy,
Prive moy de tous biens de dignitez pompeuses,
Lesquelles n'ont esté que pour moy trop trompeuses:
Bref, fay de tout mon corps ton vouloir & plaisir,
Pourveu

d'Andromede & Phinee.

Pourueu que mon enfant libre vienne saisir
Les genoux tremblotans de Cephee son pere,
Puis d'elle & Perseus l'hymenee parfaire.

Persee.

Mon geniteur aura oublié sa fureur,
Voyant que vous auez detesté vostre erreur:
Et puis donnant faueur à ce que ie desire,
Il m'octroyra l'obiect où mon amour aspire.
Là des-jà ie ressens interieurement
Mes veines boüillonner pour le combattement:
Que ie seray heureux pourueu que ie deliure
Celle dont la beauté ce hazard me fait suiure.
Et si ie meurs aussi pour vn subiect si beau,
Ce bon heur me suiura mesme dans le tumbeau:
Non, non, vn vray amant, comme ie veux paroistre,
Au fleuue de l'oubly on ne voit iamais estre.
Il faut qu'il dompte tout & aille terrassant
Tout ce qu'vn corriual ialoux luy va trassant:
Ie suis là emporté auec vn tel courage,
Que ie veux Andromede ou la mort pour partage.
Sus donc braue coursier, beau cheual empenné,
Qui d'vn sang veneneux, par ma valeur est né:
Fay moy voir maintenant exerceant ce milice,
Le desir que tu as d'estre enuers moy propice.
Guinde ton vol en l'air à fin de commencer,
Et descendant vn coup à ce dragon lancer:
Reçoy, reçoy ce coup, beste infecte & cruelle,
Lequel t'empeschera de deuorer ma belle.

Ab!

Ah! ce coup n'a rien faiſt, & mon dard ſi pointu
N'a pas percé le cuir dont tu es reueſtu:
Mais ſi faut-il pourtant que ie t'oſte la vie,
Ou par ton aiguillon la mienne ſoit rauie.
Sus c'eſt ce coup icy, lequel affranchira
L'ame de mes amours & tes iours finira.
Courage i'ay percé ſon corps couuert d'eſcaille,
Quoy tu voudrois vilain me liurer la bataille.
Ie n'apprehende pas la rigueur de tes dents,
De ta queuë le fiel, tes cris, tes feux ardents:
Mais pluſtoſt ſuis ioyeux voyant que ton eſchine,
Rend ces flots empourprez de ton humeur ſanguine.

Cephee.

Las, helas, Perſeus, la peur me faiſt pallir,
Voyant que ce ſerpent iré a fait jallir
Vn torrent aquatic deſſus voſtre pennage.

Perſee.

Cela me faiſt enfler de plus fort le courage,
Si ie ne puis voler pour mieux le guerroyer,
Dedans moy ie feray le courroux flamboyer:
Ne monſtrerois-ie pas eſtre le fils d'vn pere,
Qui ſçait aneantir ce qui luy eſt contraire?
Ouy, on le verra, & que i'ay du pouuoir,
Sur tout ſi l'on contraint mon ire à s'eſmouuoir:
Il faut que ce rocher appuye ma ſeneſtre,
Et ie guerroyeray cependant de ma dextre.
O glouton, ô glouton, tu voudrois eſchapper
De ma main qui te va ſans nul reſpir frapper:

Mais

Mais il te faut mourir, suis ce qui m'y connie,
Est ce Soleil duquel tu mumnois la vie.
Ç'a ie demeure trop, ie suis trop patient,
Il te faut attaquer & à bon escient:
Prends donc ces coups icy que ma dextre s'ennoye,
Pestiferé animal i'ay offensé son foye,
Tu mourras de ma main.

Cephee.

Courage demy Dieu,
Pour faire demeurer ce monstre sur le lieu.

Persee.

Il n'a plus de besoin qu'on luy face la guerre.

Cephee.

Pourquoy mon grand amy?

Persee.

I'ay acquis la victoire,

Cephee.

Prenez bien garde à vous:

Persee.

Ah! ie l'ay surmonté,
Et mon dard de son sang est tout ensanglanté.

Cephee.

Persee approchez-vous ça que ie vous embrasse,
Vostre cœur genereux a dissipé ma face
D'un eternel ennuy, qui me liuroit un dueil,
Sous lequel i'eusse en fin esté ousé le cercueil.
Graces aux deitez supremes & celestes,
Lesquels ont destourné mes accidents funestes:

Graces

Acte troisiesme

Graces encor à vous indompté caualier,
Qui estes mon support, mon appuy, mon pilier.
Sus, sus, mes peuples, sus, faites vne couronne
De laurier verdissant, & puis que l'on la donne
A ce guerrier, lequel bien tost vous regira.

Persee.

Faites tant de discours icy qu'il vous plaira,
Pour moy ie veux aller dechainer mon amante,
Ie ne diray iamais mon ame estre contente,
Iusques apres auoir picoré vn baiser
Sur les deux bords pourprés qui peuuent appaiser
Ma vehemente ardeur.

Cephee.

Il est bien raisonnable,
Que ie voye acheuer vostre acte charitable:
Allons ensemblement.

Persee.

Petit fils de Cypris,
Que le feu doux bruslant dont tu me rends espris,
Est pour vn beau subject, ah! ie suis sans courage,
Prisonnier enlacé aux ceps de cet image:
Cent & cent mille fois, ie seruiray les dieux,
Lesquels me font iouïr d'vn soleil radieux:
O quel riche butin, qu'elle belle conqueste
Ay ie auiourd'huy gaigné accablant cette beste:
C'est belle maintenant qu'il faut quitter le dueil,
Vous auez assez veu de Neptune l'escueil.
C'est par trop demeuré esclaue garrottee,

I'a

d'Andromede & Phinee.

J'ay vostre liberté dans mes mains apportee,
Liberté que Iupin vuide de son courroux,
Authorise agreant que ie sois vostre espoux.
Puis vostre geniteur par promesse royalle
Vous a promise à moy pour espouse loyalle,
Auec condition que reciproquement
Ie promettois d'auoir vostre affranchissement.
Cela est accomply maintenant pour parfaire
Les vœux dont est lié l'Empereur vostre pere:
Eriuers moy vous deuez agreer son serment,
Puis que dessous vos loix ie veux viure en aimant.

Andromede.
Du vouloir paternel ie suis respectueuse.

Princesse.
Vous estes donc à moy Princesse glorieuse.

Andromede.
Ie ne puis à la fois deux flames descouurir:
Mais las! permettez moy que ie m'aille couurir
De mes habillements.

Persée.
              Ah! belle que i'adore
Vos desirs pour iamais comme diuins i'honnore:
Faites vostre plaisir, où est ce que ie suis
Me diray-ie comblé de mille & mille ennuis:
Me diray-ie assisté d'une heureuse fortune,
Ce seroit sans raison car bien que i'importune,
Les hautes deitez & l'enfant Cupidon,
e voy que mes amours sont presque à l'abandon:

Mais ie veux quoy que soit espouser vostre vnicque,
Ou terminer mes iours par vne fin tragicque.

Cephee. [saison.
Vrayement vous vous plaignez: mais c'est hors de

Persée.
Mes plainctes ne se font qu'auec iuste raison,
I'ay vn serment de vous: mais serment de Monarque.

Cephee.
Perseus il est vray, qu'est-ce qui vous attacque,
Andromede espousant serez vous satisfait?

Persée.
Ah! vous m'obligerez produisant cet effect
A cherir le repos de vostre Monarchie.

Cephee.
Ie vous promets encor de la rendre flechie
A contenter le but de vos pretentions.

Persée.
I'apprehende pourtant quelques seditions,
Que l'on pourrois forger pour dommage me faire:
Et m'oster ce qui est l'honneur de ma victoire.

Cephee.
Cela ne sera point au danger de mes iours.

Persée.
Au pire s'il aduient ie porteray tousiours
L'obiect qui m'a esté & sera fauorable,
C'est ce chef serpentin, cette face effroyable
Que ie veux mettre icy & couurir de rameaux,
Et lauer mes deux mains dans ces marines eaux:

d'Andromede & Phinee.

Puis apres iray voir si ma belle deesse
De son pere voudra agreer la promesse:
Mais que dis-je vouloir lors que ie puis forcer:
La force ne peut pas iamais se balancer:
Et partant ie l'auray quoy que l'on s'y oppose.

Phinee Roy.

Humains trop insensez puis que le ciel dispose,
De ce que nostre esprit en soy va proposant,
Sur son vueil il faudroit se monstrer reposant:
Que sert de se bander contre ce qu'il decrete,
Et que sert-il encor d'imprimer dans sa teste
Tant & tant de desseins que nous allons forgeant,
Qui vont nostre raison & nos sens vaurgeant?
O que sage est celuy qui fait la prenoyance
De ce qu'il entreprend auant qu'il le commence!
La fortune luy rit : mais luy rit tellement
Que de son œuure en fin il a contentement.
Que cuide Perseus auec son entreprise,
Pour estre petit fils du Roy nommé Acrise:
Que cuide il encor pour se dire enfanté
Du Dieu qui autre Dieu, rendit alimenté
Dans sa cuisse cuidant, publiant son lignage,
M'estonner & troubler mon futur mariage:
Et ma niepce espouser faisant fausser la foy,
Que pour gage royal comme Roy i'ay d'vn Roy.
Qu'il croye que mon ame est vne ame Royalle,
N'estant pas mol ainsi comme vn Sardanapale:
Il urroit estre fils des dieux entierement,

Corrinal il aura de moy son chastiement.
Mon cœur tout martial & de mon bras la force
Luy appaiseront bien ses ardeurs, son amorce
Si la mort du dragon luy apporte usufruict,
Il se verra trompé pour moy seul est le fruict.
Son ame ira là bas trop corrinalisée
Chercher un autre object dans la plaine Elisée:
Car pour le mien iamais il ne le touchera,
Ou bien dans un cercueil le sort me couchera,
Comme le mont Etna ie nourris double flame,
Et double ambition alimente mon ame:
L'une de posseder le but de mes desirs,
Soubs lequel ie reçoy de doux amers plaisirs:
L'autre est de deualer dans la noire cauerne,
Ce Persee effronté corrinal donne peine;
Luy qui est incognu se disant fils des dieux,
Contre carrer un Roy, voire un Roy glorieux.
Ah! il luy faut monstrer qu'il est trop temeraire
De s'attacquer à moy pour umbrager ma gloire.
      Thoastes.
Vous sçauez que le sort de soy est inconstant,
Qui fauorise l'un, l'autre va molestant:
La victoire n'est pas acquise de courage,
C'est la seule equité qui la donne en partage.
      Phinee.
Hé! quel plus iuste droit pourroit on requerir,
Que celuy pour lequel ie suis prest de mourir?
                    Thoastes

Thoastes.
Persee vous dira qu'au peril de sa vie,
Il a conquis hardy vostre commune amie.
Phinee.
Nous ne pouuons tous deux auoir son amitié.
Thoastes.
Mon Prince vous bruslez dans vn feu sans pitié.
Phinee.
Ie brusle voirement: mais d'vne flame externe.
Thoastes.
Et *Persee* ie croy doit ressentir la mesme.
Phinee.
Mon amour est fondé sur le consentement.
Thoastes.
Et vostre corriual sur son deliurement.
Phinee.
Cet amour *Thoastes* est fait par violente,
Mais le mien n'eus iamais rien que l'obeissance.
Thoastes.
Le prototipe aussi que *Persee* a fondé
Luy a fait accorder ce qu'il a demandé,
L'expert architecteur en l'œuure qu'il veut faire,
Faut vn premier dessein, *Persee* en cet affaire
A praticqué cela & hazardé ses iours.
Phinee.
Malheureux amoureux ie seray donc tousiours.
Thoastes.
Ie ne dis pas cela.

C 3

Acte troisiesme.
Phinee.
Ton discours s'y egalle.
Thoastes.
Mon Prince ie voudrois que la Deesse Palle,
Me fit des ja gesir dans vn froid monument,
Pourueu que vous eussiez vostre contentement.
Phinee.
Ie loüe grandement ce desir qui m'oblige.
Thoastes.
C'est le regret que i'ay du mal qui vous afflige.
Phinee.
Il faut qu'il prenne fin ie l'ay assez porté.
Thoastes.
De mes armes & moy vous serez supporté.
Phinee.
Allons donc preparer ce qui est necessaire
Pour attacquer Persee, & de son corps distraire
L'ame & la vie ensemble.

ACTE QVATRIESME.

PERSEE,
ANDROMEDE,
CEPHEE,
MAISTRE d'hostel,
LES DEVX Princes.

Persee.

A la fin i'ay receu
Tout ce que i'esperois sans estre rien deceu:
Le Roy m'a fait ioüir du fruict de sa promesse,
Et ie suis buriné au cœur de ma maistresse.
O dieux que ie vous suis redeuable auiourd'huy
D'auoir changé le dueil, la tristesse & l'ennuy:
Qui d'vn pas empenné attacquoyent ma fortune,
Mon repos & mon bien dans leur piste importune.
Mais si i'ay de vos mains tant de faueurs receu,
Mon cœur vous donnera l'honneur qu'il a conceu:
Car ie feray bastir des autels plus superbes,
Que ne furent iamais ceux erigez à Thebes.
Pallas ma chere sœur vers le gauche costé

C 4

Acte troisiesme

Verra son los sans fin sur le sien exaltés
Mercure puis apres vers la dextre partie
Sur l'autre ioüira d'vne gloire infinie,
Au milieu de ces deux esleuz se rendra
Celuy du Dieu, lequel en eau d'or m'engendra:
Tous trois on les verra couuerts d'humeur sanguine
Des victimes qu'il faut à leur grandeur diuine.
Mon alme geniteur receura vn taureau,
Et Mercure honoré sera d'vn ieune veau:
Puis pour finir les vœux que i'ay resont leur rendre,
Ma sœur aura sa part d'vne genisse tendre.

Andromede.
Vous estes bien splendide en vos intentions.

Persee.
Il le faut estre aussi en telles actions.

Andromede.
Tous ne sont pas ainsi à leurs dieux respectables.

Persee.
C'est pourquoy enuers moy ils se monstrent affables,
Moy dis-ie deriué du plus pur de leur sang,
Notamment de celuy qui tient le premier rang
Au celeste lambris.

Andromede.
        Cette amitié insigne,
Ait l'vnité en soy pour sa marque son signe,
Toy petit Cupidon monarque des amans
De Persee & de moy rends les cœurs consumans
Que ie l'aime en espoux, & luy comme son ame

d'Andromede & Phinee.

Il m'aime, & qu'allumez d'une pareille flame
Nous ne respirions rien au concours amoureux,
Sinon le bien qui rend les vrais amans heureux.

Persee.
Nous aurons ce don là mon espouse ma belle,
Puis que nous nourrissons une amitié immortelle:
Jamais aucun malheur ne nous talonnera,
Pendant que de nos cœurs un cœur il se fera:
Et pour ratifier aucunement nostre aise,
Vous me devez baiser, ou bien que ie vous baise.

Andromede.
Que sera vostre espoir picorant un baiser.

Persee.
Cela me nourrira attendant d'espouser.

Andromede.
L'aliment est petit qui se prend sur ma bouche.

Persee.
Pour sçavoir quel il est, il faut que ie la touche.

Andromede.
Vous n'é demandez qu'un, & vous en prenez trois.

Cephee.
Voicy nos deux amans enfans de dieux & Rois,
Que leur cœur est content comme ie me figure,
Cela est il pas vray?

Persee.
      Ouy ie vous asseure,
Il ne nous manque rien que le dernier bien fait,

Acte quatriesme
Cephee.
Et quel est-ce bien là?
Persée.
Que nous voyons l'effect
De nostre Hymen nopcier qui nous lie ensemble.
Cephee.
Il esclorra bien tost: car ie croy qu'on assemble
Par mon commandement les Ethyopiens,
Qui regissent soubs moy mes vassaux & cliens,
Pour venir honorer vostre sainct mariage,
I'ay ordonné de plus, que pendant ce message
On face l'appareil d'vn bancquet somptueux,
Pour monstrer que ie suis splendide & curieux
En ce que i'entreprends, & que rien ne surpasse
A les desseins signalez.
Persée.
Nous vous en rendons grace.
Cephee.
Ie ne desire rien que vous rendre content.
Persée.
Et moy vos volontez aller executant.
Cephee.
Vos discours sont tousiours remplis de courtoisie:
Mais sans les prolonger prenez moy vostre amie,
Et entrons au palais, pour voir si l'on a mis
Les Royaux appareils pour traitter mes amis.
Le Maistre d'hostel.
O beau iour vraymẽt beau, iour secõd de remarque,

Iour

d'Andromede & Phinee.

Iour exempt du palud de l'oubly qui embarque
Les molles actions, te pourra-on chanter,
Non on ne le peut pas, il faudroit enfanter
De nouueaux Arions, des Orphees, des Poëtes,
Dont les luths & les voix fussent en tout parfaites:
Puis qu'en toy ô beau iour les Ethiopiens
Sont veus graces aux dieux cernez de tant de biens,
Nous verrons auiourd'huy vne gloire supresme,
Dont nostre Prince esclatte auec son diadesme:
Ce ne sera pas tout, ô chef d'œuure des cieux,
On verra de Iupin le mignon precieux,
Soubs les liens sacrez du grand dieu Hymenee,
Andromede espouser que l'on luy a donnee:
Des-jà de toutes parts arriuent les Seigneurs,
Qui doiuent tenir rang à ces nopciers honneurs.
Ensemble auctoriser ceste belle alliance,
Pour moy ie suis rauy voyant tant d'excellence,
Dont le palais est plein: car les inuentions
Des desseins plus petits sont des perfections.
Arachné n'a iamais rien fait de broderie,
Qui se puisse egaller à la tapisserie:
Si l'on desire voir quelques riches ioyaux,
On les rencontre icy d'artifices royaux.
Mais ce qui rauira des assistans l'oüye,
Est des harpes & luths l'accordante harmonie:
Bref, tous les commensaux ont vne ambition
De faire que tout soit selon l'intention,
Que desire le Roy, qui m'a commis la charge,

De grand maistre d'hostel où le devoir m'engage
A dresser le festin, & le rendre ennobly.
Or à fin que tout soit en ordre & estably,
Je veux faire apporter presentement la table,
Et puis poser dessus quelque mets agreable:
Depeschez donc enfans, & d'un agille pas
Faites voir ce conuy, ce banquet, ce repas,
Estre autant signalé qu'on en ait peu cognoistre
A l'entree de table il nous faut premier mettre:
Le potage & bouilly, sausses & entremets,
Et puis nous seruirons apres les autres mets.
Comme la venaison, la perdrix, la becasse,
Et tout ce que l'on a recouuert à la chasse:
Puis pour combler en fin ce banquet nompareil,
Nous ferons le dessert d'un fort bel appareil
Des fruicts qui sont venus de la belle Pomone,
Allez au sommelier luy dire qu'il ordonne
La ceruoise adoucie & le suc delicat
De ce dieu poi elé, & sur tout du muscat,
Au possible excellent: car si l'on veut complaire
A tous les conuiez, il faut leur faire boire
La plus rare liqueur du fils de Semelé,
Pour faire voir le Roy à les traitter zelé.

Cephee.

Les dieux ont agreé nostre ceremonie,
Sur tout Himen qui ioint l'amant auec l'amie:
Massile a espousé le mignon precieux
Du grand dieu Iupiter dominateur des cieux,

d'Andromede & Phinee. 47

Et ce bien fac: & me comble d'alegresse,
Pour auoir tel appuy arriuant en vieillesse:
Vous mes Princes, vassaux participez aussi
A ce contentement, & prenez le soucy
De porter tel honneur & respect à mon gendre,
Comme par le passé vous me l'auez peu rendre,
Car il est heritier de mon sceptre doré.

Le premier Prince.

Puis qu'il vous plait ainsi, il sera honoré,
Seruy & respecté, & mettrons nostre vie,
Pour conseruer ses iours.

Persee.

Ie vous en remercie.

Cephee.

Ie suis assez contens de vos submissions,
Il faut se resiouir & que nous banquetions:
Partant ie suis d'aduis que chacun prenne place,
Selon sa qualité, ses dignitez, & race.

Persee.

Puis que ie dois sur vous maintenant commander,
Il est bien à propos, Princes, de demander
A ce vieillard qui est plus que vous meury d'aage,
L'estat dont vous viuez & de vos loix l'usage.

Le premier Prince.

Vous le sçaurez par moy auec la verité,
Commenceant mon discours par nostre antiquité:

Bornée

Sçachez premierement que toute Ethiopie
Est divisée en deux, l'une nommée Asie,
Bornée en Orient du cataclysme d'eaux,
Qui fournit Pharaon & ses gens de tumbeaux:
L'autre s'appelle Afrique, & laquelle termine
Vers le Septentrion la rive Libienne:
Maintenant escoutez avec affection,
D'où est venu le nom de nostre nation.
Ethiops commença habiter cette terre,
Fils de ce forgeron qui prit en adultere
Son espouse Venus, avec le dieu guerrier:
Or d'autant que sur nous il regna le premier,
Nostre nom a receu de luy son origine,
Et il se trouve ainsi dans les œuvres de Pline:
Il n'appartient qu'à nous de se pouvoir vanter,
D'avoir mis les pilliers conceu, & inventer,
Comme l'on doit servir à ses dieux & Monarques,
Et nous le prouverons aisément par les marques:
Car si nos Empereurs sont de maux entachez,
Les mesmes nous rendons sur nos corps attachez.

Persee.

Comment si vostre Roy porte un mal bien extremé
Sur son corps, vous chargez le vostre du mal vesme.

Le premier Prince.

Voire: car nous jugeons qu'il faut participer
A tout le mal qui peut leurs membres occuper.

Persee.

Persée.

Voila une amitié bien digne de remarque.

Le premier Prince.

Ie vous diray bien plus quand la mortelle parque
Fait subir à nos Rois la derniere action,
Nous en portons au cœur si grande affliction,
Que nous allons bien tost les trouuer dans les vrnes.

Persée.

Ces façons ne sont pas à tous subiects communes,
Et les loüe beaucoup: mais ie suis curieux
De sçauoir ce qui est superbe audacieux,
Des premiers bastiments construits en cet empire.

Le second Prince.

Pour plus naïfuement & au vif les descrire,
Prince considerez que le Nil monstrueux,
Nos plaines arrousant d'vn reflux furieux,
A des isles en soy autant belles, secondes,
Que puissent contourner de Neptune les ondes.
Meroë sur tout bastie en bouclier,
Où a esté le lict Royal & iusticier
Des Rois vos deuanciers, elle est fort opulante,
Et par tout l'vniuers ses mines d'or on chante:
Mais comme nous veyons le temps qui fauche tout,
Des regnes & citez couper le dernier bout:
Nous auons veu changer de recente memoire
Ce siege en Garáma où regne vostre pere,
D'vn estat glorieux si superbe de soy,

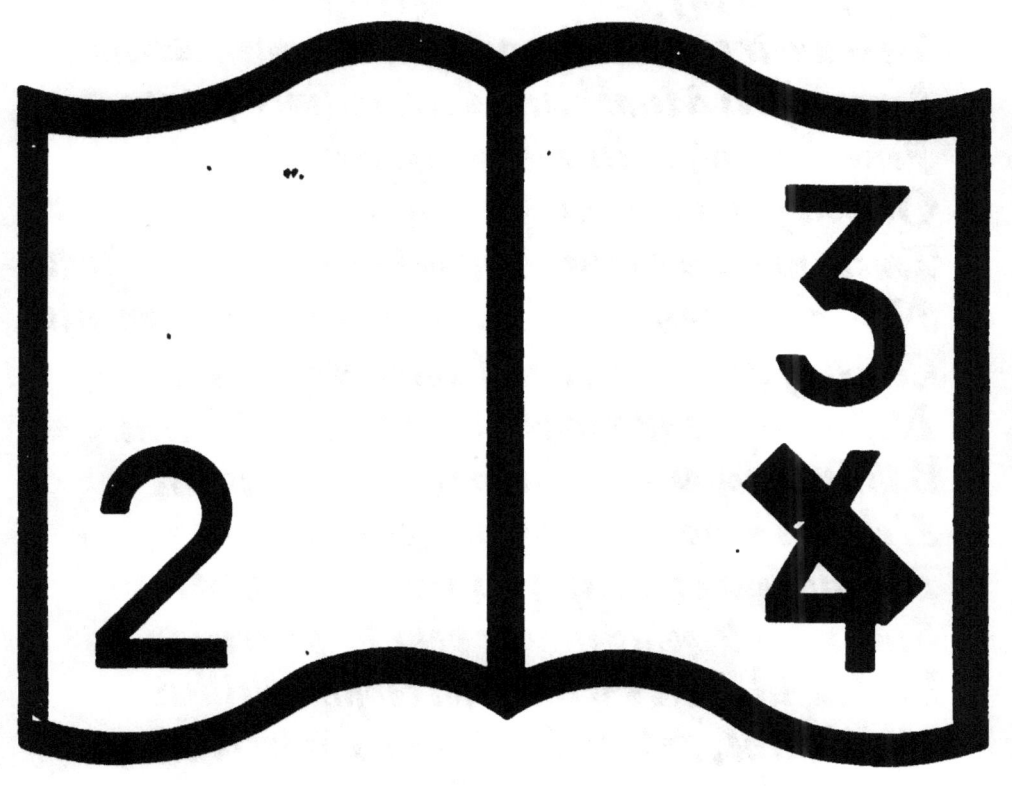

Pagination incorrecte — date incorrecte

NF Z 43-120-12

Acte quatriesme

Que nous l'estimon estre un Dieu non pas un Roy.
Il n'y a que luy seul qui ait prerogatiue
De pouuoir commander quand son vouloir arriue
Aux prestres Memphiens d'eux mesmes se tuer,
Pour d'autres en leur lieu apres substituer.
Or voicy maintenant quelle est nostre creance,
Touchant ceux lesquels ont au lambris bleu puissance.
Nous croyons en deux dieux, dont l'vn est immortel,
Celuy-cy est cogneu, mais l'autre n'est pas tel.
Nostre empire est remply de Lyons, & Licornes,
Basilics, Leopards, d'Elephans trompe cornes,
L'ebene s'y produit, le sisame & le lot,
Bref de tout ce qui est plus riche faites blot.
Seuls nous le possedon; car pour la pierrerie,
Les Lapidaires l'ont dans nos confins cueillie:
L'hiacynthe, & Chrisopase, & les autres encor,
Que l'obscure subtil enchasse dans de l'or:
Cela nous est commun.

Persee.

     Mais pour l'art militaire,
Comment l'obseruez vous?

Le second Prince.

     Ah! i'oseray bien dire,
Qu'il n'y a rien d'egal à l'Ethiopien;
Car nous pouuons charger le dos Neptunien
D'vn demy milion de soldats à l'espreuue.

Persee.

Certes ie ne croy pas que ce nombre se treuue,

d'Andromede & Phinee.

En cette nation.

Le premier Prince.

Il se peut augmenter
Jusques au milion, à fin d'acrauanter
Les haineux de l'estat quand ils osent paroistre.

Persee.

S'il est ainsi ie dis cet Empire seul estre
Capable de dompter tous les autres qui font
Voler leurs estendards dedans ce globe rond,
Et de porter le nom d'inuincible indomptable,
J'ay trouué mon amy, ce discours agreable:
Mais continuez le pour me faire sçauoir
La police & les mœurs que vous pouuez auoir.

Le premier Prince.

Lors que quelqu'un a fait ou commis vne offense,
Ceux qui sont ordonnez en prennent cognoissance:
Quand il s'agist de mort, le Licomegia,
Qui gouuerne le lieu, dans lequel il y a
Vn meurtre perpetré, doit appeller des hommes,
Les vns nommez Tanquats, & les autres Balsamek
Puis les iuges aussi, & tous ensemblement
Sur les enormitez prononcent iugement,
Si en adulterant vne femme est surprise,
Tout aussi tost elle est entre les mains remise
De ses plus alliez pour luy donner arrest,
Et reciproquement si c'est l'homme qui est
Conuaincu de ce fait à l'instant on luy donne

Vne

Une amande en ses biens.
Persee.
Cette ordonnance est bonne,
Et des autres forfaits fait-on punition?
Le second Prince.
Ouy comme l'on voit que requiert l'action:
Car la raison le veut.
Persee.
Admirable police,
Qui me va appastant d'vn sauoureux delice,
Mon cœur est satisfait, & ie me resiouïs,
Puis que de tels subiects paisible ie iouïs
Et de si inotes loix.
Le second Prince.
O Prince plein de gloire,
Nous voulons maintenant vous faire vne priere,
C'est de nous declarer comme vostre valeur
A peu estre vainqueur du chef plein de malheurs:
Car la subtilité estoit du tout requise,
Pour emporter l'honneur d'vne telle entreprise.
Persee.
Vous sçauez bien qu'Altus ce sublime rocher,
Semble comme vn Colosse aux images toucher:
Il a proche son pied quelque creuse cauerne,
Qu'on ne peut aborder sinon auec grand peine:
Les filles de Phorcus faisoient là leur seiour.
Or comme ie vollois dans l'air, aduint vn iour,

Que ie m'arresta là pour voir le chef difforme,
Qui estoit chastié de son forfait enorme:
Mais Gorgonne & sa sœur n'auoyent rien qu'vn
    seul œil,
Au milieu de leur front brillant comme vn Soleil.
Cela me fit glacer presque le cœur de crainte,
Car la voye où i'estois estoit tournee & ceinte
D'hommes trop curieux & hors de iugement,
Lesquels desirans voir Meduse seulement,
S'estoyent acheminez proche de sa demeure:
Mais le sort qui se voit en accident contraire,
Eux ayans veu ce chef & ses difformitez,
Vn marbre fut le fruict de leurs temeritez:
Il y auoit aussi des animaux grand nombre,
Qui auoyent en leur part de ce funebre encombre,
Bien me fut que ce chef image de laideur,
Ne me veid, & que moy dedans la resplendeur
De mon escu i'auois sa veuë or : il arriue
Qu'auec ses couleureaux le dieu Morphee estriue,
Et les rend assoupis, moy plein d'ambition,
D'estre seul instrument de la perdition
De ce monstre hideux, courageux ie m'approche,
Et pour vn coup fatal qu'à l'instant ie decoche:
Ce chef tumba à bas victime d'Atropos,
Ie vous diray bien plus poursuiuant mon propos,
Que du sang qui sortit, il se crea sur l'heure
Deux cheuaux vrayement courageux de nature:
Le mien fut le premier qui trouua le ruisseau
Des enfans d'Apollon sur son double coupeau:

Il se guindoit en l'air auecques son pennage,
Et à son aide aussi i'ay commis le carnage
De ce monstre marin, qui vouloit deuorer
Andromede mon tout, que ie veux adorer:
Pour lors il fut nommé du beau nom de Pegase
Des Poëtes admiré pour estre plein d'emphase:
Sur son dos i'ay tourné presque tout l'vniuers,
Et sans luy ie courois des accidents diuers:
L'autre eut nõ Chrisas, beaucoup moins en puissance,
Quoy qu'il soit engendré de la mesme substance.

Le second Prince.

Pourquoy Meduse eut elle en son chef ces horreurs?

Persee.

Ce fut vn accident qui aduint par erreur,
Ie le reciteray, à fin de satisfaire
A ce que desirez vostre commune mere,
Qui prend diuers esbats lors qu'elle nous conçoit,
Les dispersant ainsi comme elle les reçoit:
Orna d'vne beauté, voire beauté parfaite
Gorgonne qui auoit les serpens en la teste:
Cela la fit aimer des hommes & des dieux,
Parce qu'elle brusloit du brandon de ses yeux:
Voire mesme le dieu qui gouuerne Amphitrite,
Se mit en sa prison cognoissant son merite:
Et sans aucun respect qu'obserue vn vray amant,
Ie iouït de son corps par le desio ement
Au temple sacré sainct, où Minerue on adore:
Mais ce crime vilain puis apres fit esclorre

d'Andromede & Phinee.

Au cœur de la deesse vne irritation,
Qui soudain fit laisser ceste punition:
Car la face & le chef de Meduse admirables
Furent pleins de serpents sifflants & formidables.

Cephee.

Si ce discours est fait, ie vous prie addressons
Aux hautes deitez des mottets & chansons:
Car si nous auons soin d'eux & de leur seruice,
Leur vueil en nostre endroit se monstrera propice.

ACTE

ACTE CINQVIESME ET DERNIER.
PHINEE,
CEPHEE,
PERSEE,
CASSIOPE,
PALLAS.

Phinee accompagné de soldats.

Vs entrons Thoastes, suons cet effronté,
Il faut qu'il aille voir le bord acheronté:
Si ce connitue icy à remply sa carcasse,
Ie veux que chez Pluton vn nouueau il en face:
Ony par tous les dieux tu y deualeras,
Et iamais de mes mains eschapper ne pourras.
Ce dard te monstrera à traitter d'autre sorte
Phinee, qui sur toy peut vser de main forte:
Vn beau iour nuptial tu as bien commencé:
Mais tu l'acheueras dans le signe glacé,
Cuide-tu consommer tantost ton mariage,
Et rauir ce que tient pour plus precieux gage
Ma niepce & fiancee:ah! c'est trop s'esmouuoir

d'Andromede & Phinee.

Car si de l'espouser tu as fait ton pouuoir,
Pour me priuer du bien que i'esperois en elle,
Le mien te liurera vne guerre cruelle:
Quoy que tu sois du sang de Iupin prime dieu,
Tu ne laisseras pas de mourir en ce lieu:
Tu te fie affronteur sur ton aisle & pennage,
Qui monstre que tu es vn bastard de courage,
Donnons enfans, donnons sans aucun respecter.
Cephee.
Quelle fureur en vous faites vous proiecter,
Pour troubler le repos de mon gendre Persee.
Phinee.
C'est à cause qu'il a rauy ma fiancee.
Cephee.
En hazardant ses iours il a gardé les siens.
Phinee.
Mais il m'a offensé d'attacquer mes liens.
Cephee.
Vous deuriez l'embrasser, puis que la deliurance
De vostre niepce vient de sa force & vaillance.
Phinee.
Croyez vous que mon cœur soit tant effeminé?
Cephee.
L'acte qu'il a commis veut estre guerdonné.
Phinee.
Il le sera aussi & selon le merite,
Car c'est trop presumer quand vn Roy on irrite.
Cephee.

Cephee.

Ce que Persee a fait ne vous peut offenser,
Et contre luy ne faut vostre courroux lancer,
Si vous auez perdu l'amitié d'Andromede,
Ne l'en accusez pas, car vostre mal procede
Du grand Altitonnant, qui auoit decreté
De punir le babil par vostre sœur ietté :
Puis apres du courroux des Nymphes Nereides,
Lesquels firent sortir des grands paluds humides
Ce monstre ietté seu qui vouloit deuorer
Ma fille qui deuoit vn iour vous honorer :
Quel soin auez vous eu, la sçachans condamnee
De l'oster du peril la rendre dechainee,
Nul sinon de paroistre vn amant desloyal,
Monstrant auoir vn cœur lasche & non pas Royal.
Il falloit partager à mon dueil, à ma plainte,
Et que vostre ame fust d'vne tristesse atteinte,
Non pas deuant vos yeux la laisser attacher.
Mais vous faire plustost les membres arracher,
Sans permettre cela, la chose est toute claire,
Que vous estiez tenu bien plus que moy son pere,
A consacrer vos iours cherchant sa liberté,
Qui estiez son mary entre la parenté.
Las! pourquoy portez vous vne mortelle ennie
A Perseus, lequel a prolongé sa vie.
S'il estoit autrement, vrayement ie serois
Le premier selon droit qui vous satisferois,
Que si vous desiriez auoir la iouissance

d'Andromede & Phinee.

De celle qui auoit en vous double alliance,
Il la falloit gaigner d'vn cœur audacieux,
Comme a fait Perseus, ne soyez ennieux
Des chappeaux triomphans destinez pour sa teste,
Que ma noblesse icy sur le champ luy appreste:
Ains le laissez iouïr du fruict de sa valeur,
Sans desembrionner quelque nouueau malheur:
Ne portez point enuie à ma blanche vieillesse,
Souffrez frere plustost que ie tienne promesse
A celuy dont le sang en mon sang est vny,
Et si vous paroissez de la fureur muny,
Ie crains qu'à vostre damelle soit enfantée,
Car la temerité où ie la voy portée,
Sera vostre tombeau.

Phinee.

Ah! c'est trop offenser,
Offense que ie suis iusqu'à me menacer,
Tu mourras, tu mourras: car auec cette fleche
Mars, non pas le Cyprin, sur ton corps fera breche.

Persee.

Tu n'as pas ennieux contenté ton desir:
Mais de ce mesme dard, la mort te va saisir,
Puis qu'enuers moy tu as vne ame tant meschante,
Des enfers ie te veux enseigner la descente:
Remercie peltron ce venerable autel,
Sans luy ton cœur auoit le dernier coup mortel:
Rhetus qui l'a recente prodnit cette grace.

D

Phinee.

Soldats voicy Rhetus meurtry sur cette place,
Il faut vanger sa mort tuons & massacrons
Ces andabates gens & leurs corps consacrons
A ce triple gosier de l'infernalle porte,
Et chacun en son rang vaillamment se comporte.

Cephee.

Ces nouueaux accidents me rendent estonné.

Cassiope.

Contre eux ie vous auois l'antidotte donné.

Cephee.

Il est vray: mais aussi nostre fille est viuante.

Cassiope.

Sur sa vie & la vostre, à present on attente:
A celle de Persee & à la mienne aussi,
Et sans l'aide des dieux nous mourons tous icy.

Persee.

Ie crains que vous ayez complotté ma ruyne.

Cephee.

Le tonnerre grondant de Iupin m'extermine,
Si cela est ainsi, & les antres noircis
M'engloutissent, si i'ay approuué ces soucis:
Quoy auez vous de moy vne telle croyance?
Les dieux me sont tesmoings deuant vostre présence
Pour monstrer que ie suis de ce fait innocent
Vous aurois ie quitté mon empire puissant
A vn traistre dessein?

Perse

Persee.
Phinee est vostre frere.
Cephee.
Vous me touchez plus pres.
Persee.
Voire estant mon beau pere.
Cephee.
Ie iure d'abondant les hautes deitez
Que ie ne sçauois rien de ces aduersitez,
Et les prie d'auoir soin de vostre querelle,
Vous exemptans d'auoir quelque playe mortelle:
Au reste soyez seur que ie conserueray
Mon serment, & pour fils ie vous approuueray
Courageux bataillez, afin d'auoir victoire
Nous irons ce pendant pour vous faire priere.
Persee.
Ne m'abandonnez pas en la necessité.
Cephee.
Mon aage n'a en soy que l'inutilité,
Puis mes pieds tous tremblans, & ma foible vieillesse
Me doiuent exempter de la guerriere adresse,
Phinee.
Tu crains la mort vieillard, & te veux retirer:
Mais Perseus & toy ie feray expirer.
Pallas.
Comme ie visitois le Prince elementaire,
Et que le blond Titan sa course iournaliere
Vouloit diminuer quittant nostre horison,

Acte cinquiesme

Pour aller visiter l'antipode maison.
J'ay entendu la voix de mon germain Persée,
Atteinte de fureur vehemente poussée.
Cela m'a fait descendre, & iuger qu'il estoit
D'ennemis assailly, & qu'on le molestoit:
Ie le veux assister y estant obligée
Iusqu'à rendre ma vie en l'Acheron logée.
Il s'est desja battu, ces corps me le font voir,
Que Clothon tient icy sillez sans se mouuoir,
Persée où estes vous, Persée mon cher frere?

Persée.

Deesse me voicy, ô Princesse guerriere,
Vous m'obligez par trop de descendre en ce lieu.

Phinee.

Elle vient pour te dire vn eternel à Dieu.

Pallas.

Tu as menty Phinee, ainsi ie fay ce voyage,
Pour l'inciter d'auoir sur toy tout aduantage.

Phinee.

Si c'estoit luy qui m'eut donné ce dementir,
Mon estre sur le champ l'en feroit repentir:
Mais que me seruiroit contre toy entreprendre?

Persée.

Plus que toy de courage elle a pour se deffendre.

Phinee.

Qu'elle t'en face part tu en as manquement.

Persée.

Tu me viens offenser par vn prouoquement:

d'Andromede & Phinee.

tas ie te monstreray comme trop temeraire
t'attacquees à moy pour me faire la guerre,
Ma sœur permettez moy de le sacrifier
A nostre oncle Pluton.

Pallas.

                      Tenez ce bouclier,
Lequel vous seruira pour dompter son audace,
Faites roidir son corps mort dessus cette place,
Et n'amoindrissez pas vos aîles glorieux
Pour leur donner entree au lac oublivieux:
Plustost deualez y Phinee & sa cohorte,
Punissans son orgueil, son forfait & sa faute.
Ie sçay que vostre bras est seul assez puissant,
Pour luy faire payer le tribut paslissant,
Afin de chastier son abus, sa folie,
Ie vous assisteray s'alliance m'y lie.

Phinee.

Vous deuriez ce me semble estre las de parler,
Bastissant vos desseins inutils & en l'air:
Ce n'est pas en discours que ma force se dompte,
Mais vous cuidez des-ja iouïr de vostre compte,
Que le secours des dieux du grand globe azuré
Arriue à son plaisir, le mien est asseuré.
Les Larues & demons, gardes de Proserpine
Me donneront le champ à ta perte & ruyne.
Ce petit Indien fils de Lemniacé,
Quoy que bien ieune d'ans te rendra terrassé
Bande petit Atis ton arc & le decoche.

D 3

Acte cinquiesme

Persee.

Ie luy pardonneray si sa fleche me touche,
Et pour le le monstrer regarde ce tison:
Luy va faire chercher vn meilleur horison:
Licabas le suyura d'vne mesme infortune,
Pour luy estre fidel sur la riue nocturne.
Que vous sert de courir Amphimedon Phorbas,
Ie voy bien, vous voulez les visiter là bas,
Toy Erithus qui porte en main vne coignee,
Contente toy de voir ta vie estre empoignee
Par ce vase, Abaris bien tost tu seras mis
Auec Polidemon fils de Sermiramis
Clitus, & Phleocas, Alicetus, Elices
Ie donne au dieu Pluton vos corps en sacrifices.

Phinee.

Tu attacques mes gens, mais les tiens le seront,
Et sans exception sur ce lieu ils mourront,
Qui aura du courage à cette heure le monstre,
Et la prudence aussi de fuir ma rencontre.
Sus soldats, suiuez moy, & donnons dans ce rang:
Perseus, Perseus t'espuiseray ton sang,
Tu es desja blesmy de frayeur & de crainte.

Persee.

Ie n'apprehende pas que tu me face attainte.

Phinee.

Ainsi que ces corps morts tu seras guerdonné.

Persee.

Si ie veux tu seras plus que moy estonné.

Phinee.

Quoy? tu menaces encor, ça courage, courage,
Tuons tous ces gloutons, qui n'ont que du langage
Ammon & Broteas vous estes honorez,
Puis que mon coutelas vos iours a denorez.
Alphitus qui faisoit à Ceres sacrifice
Continuera pour vous chez Minos son office,
Et si dans le tumbeau vous estes curieux
Des motets musicaux & sons melodieux,
Iapetides s'en va, qui emporte sa harpe,
Et vous resiouira, si le dueil vous attrappe,
Chargez enfans, chargez sans aucune pitié,
Sy vous voulez cherir moy & mon amitié.

Pallas.

Ie ne puis plus souffrir le mespris, les iniures,
Faits aux autels sacrez des dieux, & leurs augures:
Mes bras & mes tendons de colere bandez
Sont trop lents à punir ces fols outrecuidez.
Sacrileger ainsi, ce qui est venerable
Vomissant un courroux meschant insatiable,
Insolents, insolents vous estes sans pardon,
Et de vos laschetez receurez le guerdon,
Pour lauer vos forfaits en l'vnde stigialle,
Pallas en vostre endroit sera fort liberalle.

Persee.

Puis que ie recognois que vous voulez dompter,
Et d'vn cœur enuieux en tout me surmonter,
I'aura mon seul recours pour bastir vostre honte,

A ce qui vous fera visiter l'Acheronte:
Et partant si aucun pres moy veut sejourner,
Ie le prie estre prompt sa veüe destourner.
Thessalien guerrier, il faut que tu commence
De cet obiect hideux ressentir la puissance
Finis auec Amphix, & cet enfant nilleux
Le vent qui a poussé ten babil perilleux.
Toy Erix dont le pas est plus vif qu'vn pennage,
Pour me venir greuer prends le mesme partage,
Non pas toy seulement: mais ces soldats armez
Contre moy sans raison par Phinee allarmez.
         Phince.
Acheuons, acheuons, & que lon s'esuertue.
         Persee.
Chacun de tes soldats est mué en statue,
Puis le sort t'a quitté voyant qu'iniustement
Tu me contre-carrois en mon contentement.
Ie regrette beaucoup d'Aconteus la perte,
Mais il deuoit finir cette teste couuerte
De serpens, il estoit tout plein d'affection,
Et pour luy dans mon cœur i'ay de l'affliction:
Mais son dist'n vouloit, qu'il eust, telle infortune
De Phinee, empeschant la fureur importune.
Or ie vangeray tout, & tost on entendra,
Comme mon ennemy humble à mes pieds viendra,
Contraint de requerir ma douceur & clemence,
Le voy-ie pas des-jatouy, c'est luy qui s'aduance.
Où vas tu desl al, nes'a roche astant

d'Andromede & Phinee.

Des delicts par toy faicts que ton cœur soit content.
Ne viens point allumer derechef ma colere,
Qui puis comme ceux-là te transmuer en pierre,
Tu estonnois le ciel par tes faits inhumains,
Pire que ce Tiphe, lequel auoit cent mains,
Il s'attacquoit aux dieux sans craindre leur iustice,
Et toy tu es chargé presque d'vn pareil vice.

Phinee.

Ie ne viens pas icy pour nier mon forfait,
Ains pour le confesser: mais qui ne l'auroit fait,
Vous sçauez qu'Andromede estoit ma fiancee.

Persee.

Par moy sa liberté a esté aduancee.

Phinee.

Ie vous la cede auſſy comme estant le vainqueur.

Persee.

Tu n'as pas tousiours eu ce vouloir en ton cœur,
Mais la force le veut qui est sur toy maistresse,
Et fait vomir le fiel de ton ame traistresse.

Phinee.

Ie ne nourrissois pas la trahison en moy.

Persee.

Tu as fait ton pouuoir de me mettre en esmoy.

Phinee.

Mettez-vous en mon lieu, & pesez ma querelle,
Estant pris dans les rets d'vne dame si belle.
Ie diray bien cela qu'vn champestre berger
Eust esté contre vous esmeu à se vanger

Mais quittant ce discours pardon ie vous demande,
Prosterné devant vous en humilité grande
Vous estes mon vainqueur, quoy que Prince Royal.
Persee.
Tu seras guerdonné en prince desloyal.
Phinee.
Que ie ne gouste point le venin de Gorgonne,
Ains semence des dieux ta bonté me pardonne,
Ie suis bien deplaisant de ne t'avoir quitté
Le droict que tu avois mieux que moy merité:
Tu sçais bien Perseus que le point d'honneur presse
A mourir, si l'on peut cent fois pour sa maistresse.
C'est pourquoy le subiect seul me doit excuser,
Et mon humilité tes fureurs recuser:
Donne moy seulement la vie pour hostage.
Persee.
Tu ne fais que flatter, & croy en ton courage,
Qu'il me rendra esmeu, mais ie iure les dieux
Que tu auras le fruict de ton crime odieux.
Ose tu seulement m'adresser ces parolles
Pour me faire porter à des actions molles?
Phinee.
Vous me devez traitter selon ma qualité.
Persee.
Voire me souvenant de ta temerité.
Phinee.
La rigueur ne doit pas tousiours tenir vn Prince.
Persee.

d'Andromede & Phinee.

Persee.
Il doit punir celuy qui trouble sa Preuince.

Phinee.
Celuy qui deux pardonne estant bien coleré,
Pour sa benignité est beaucoup reueré.

Persee.
Celuy est honoré qui le vice chastie,
Et quand sur son repos la querelle est bastie:
Mais escoute, voicy ce que ie te promets,
Que ma main sur ton corps ne touchera iamais
Pour en separer l'ame auec ce cimeterre:
Ains pour monstrer qu'à tort tu me faisois la guerre,
Dans ce palais Royal tu auras ton tumbeau,
Seruant comme ceux-là de spectacle nouueau,
Ou ma femme dira sur ta pierre marbrine,
Celuy me fiancea espousant sa ruyne.
Voila l'obiect hideux de ma gloire le chef,
Qui va siller tes yeux d'vn eternel meschef,
Puis que ie suis vainqueur contre ce temeraire,
Il me faut visiter mon espouse, ma gloire:
Ie luy veux faire voir que ie n'ay pas receu
L'estre d'vn sang grossier, ains que ie suis conceu
Au flanc de Danaé, Acrise est mon grandpere,
Auquel on a rauy le Royaume prospere.
Ie iure que i'auray de Pretus la raison,
Qui a voulu troubler sa chenue saison
De Polidectes plus remply de fiere amorce,
Qui desire vmbrager ma puissance & ma force.

Acte cinquiesme

Ses vrnes il aura aux champs Eliseens,
Pour y aller regir tous les Seriphiens.
Auant que de partir ie suis venu de rendre
Hommage à ma Pallas, qui m'a daigné deffendre:
Reçoy donc chere sœur, les fruicts de ta valeur,
Car Phinee par toy a receu son malheur
Sur ma vie & sur moy, prends autant de puissance,
Comme tu m'as donné auiourd'huy d'assistance,
Mon repos est venu de ta diuinité,
Et du los infiny que tu as merité.

Pallas.

Mon frere cet honneur à nous deux se partage.

Persee.

Ma sœur il est à toy, c'est ton sainct heritage.

Pallas.

Soit à toy ou à moy, nous le partagerons,
Pour orner nostre chef quand nous voyagerons:
I'ay desir de passer l'isle Seriphienne,
A fin de visiter la troupe Delienne.
Gardez en vostre cœur de moy le souuenir
Dans le mien pour iamais i'espere vous tenir.

FIN.

LA FATALLE,
OV LA CONQVESTE
DV SANGLIER DE
CALIDON.

A MONSEIGNEVR de Leugiere Baron dudit lieu Balazuc, la Borye, Vaugorge, & autres places.

MELEAGER, ce ieune Prince de Calidon, chargé des despoüilles du sanglier monstrueux, qui rauageoit leur plaines, desireux de paroistre dan nostre monde François, se present à vous, à fin que sous le respect d vostre grandeur, il ne puisse poin
estr

estre arresté en sa course, les trophées qu'il porte demandent l'appuy des vostres, caressez le (MONSEIGNEVR) en ses desirs, & comme vous luy aurez fait l'honeur d'œillader sa fortune glorieuse amorcee par le feu du Cyprinien au subject de la belle Arcadienne, daignez à l'egal prendre compassion de la fatalité de son sort, sous lequel il ploye iusques à peager aux parques ressentant l'impitié de sa mere Althee, dont le desespoir arriue pour porter plus de respect à deux germains, qu'à l'embrion sorty de son flanc ces destins tragics auront leur passeport auec vos faueurs, puis que Malpomene, Thalie, & leurs sœurs

vous

vous les offrent comme leur Apollon ma plume n'a fait que crayonner, mais si vous acceptez l'ouurage, voftre grandeur le rendra parfait, pour eftre veu de tous auec vn bon œil, & mignardé comme vous le cherirez : c'eft la fupplication que fait,

Monseigneur,

  Voftre tref-humble, tref-obeiffant, &
   tres-fidelle feruiteur,
     Boissin.

LES ACTEVRS.

Meleager,
Thesee,
Atalante,
Iason,
Plexippe,
Toxee,
Althée, mere de Meleager,
Vn chasseur,
La Damoiselle d'Althee,
Oneus Roy de Calidon pere de Meleager,
Les gétils-hommes d'Oneus,
Les sœurs de Meleager.

ACTE

ACTE PREMIER
MELEAGER,
THESEE,
ATALANTE.

Meleager.

SI la vertu, qui rend les humains immortels,
Pleine d'humanité leur construit des autels,
Autels que l'on ne peut demolir & destruire
Des lieux, où il luy plaist vne fois les eslire.
Ie dis donc qu'elle a fait les Cesars admirer,
Induisant tout Monarque à son but aspirer.
Plutarque, Ciceron, Socrates, Demosthene,
Les enfans d'Apollon à la seconde veine
Ont acquis leurs lauriers à son aide & faueur,
Et dans son temple en ont affiché la saueur.
Ceux-cy seront ils seuls picorant le partage,
Que donne la vertu, Roine de l'homme sage?
Nenny, ils sont suiuis du sexe feminin,
Curieux d'auoir part à ce thresor benin,
Les siecles ià passez regorgeans d'excellence
Des Amazones ont butiné la naissance
De Minerue, Iunon, de Pallas, & Venus,

Qui ont dedans le ciel leurs honneurs obtenuës:
L'vne pour dominer l'humeur de Castalie,
L'autre pour estre mere à l'aueugle, qui lie
Ceux qui sentent son feu, pour Iunon elle tient
Sur toutes son honneur, car elle les preuient:
Mais Minerue a conquis sa brillante couronne,
Lors qu'elle visita la nation d'Ausonne.
Tant d'autres ont aussi par des actes diuers
Fait voler leur renom par tout cet vniuers,
Le modelle s'en voit sur Helene, qui porte
Ses lauriers tous egaux à la Romaine morte.
Bref selon les climats où les hommes sont nez,
A diuerses humeurs on les voit addonnez:
Mais que sert de loüer les nations estranges,
Puis que dans nos confins est le blot des loüanges?
Il n'est qu'vn Calidon pour estre reueré
Sur l'empire des Grecs aux autres preferé:
Ie ne dis pas cela vsans de flatterie,
Quoy que ie sois tenu d'exalter ma patrie.
Tout l'vniuers le sçait, & comme glorieux
Nous auons fait sentir nos efforts furieux
A tous nos ennemis, si qu'estans indomptables,
Et portans Mars au front il nous rend doutables.
Or ce qui doit mouuoir les Princes & Seigneurs
D'acquerir des lauriers, & croistre leurs honneurs,
Sont les occasions que la fortune lenie,
Lors qu'ils y pensent moins, bien souuent leur presente,
Ce e elle fait à moy, qui tiens le premier rang

Apres le Roy, qui m'a engendré de son sang.
L'on m'a donné aduis, que dedans nostre plaine
Aux despens du public vn monstre se promene,
Gastant & dissippant les thresors saffranez,
Que la belle Ceres cet an nous a donnez:
Rauageant entre plus l'olinier porte gloire,
Et le bois qui nous rend l'ambrosie pour boire:
Tout cela seroit peu sans les actes nouueaux,
Qu'il fait en egorgeant les furieux taureaux.
Les dogues des bergiers commis en sentinelle,
Pour garder du dieu Pan la troupe grasse & belle.
Encore que ie sois fils du Roy Orens,
Regissant Calidon ie sçay que Theseus
Venant de descharger la race Athenienne
De quelque grand tribut, qui luy donnoit de peine.
Achaye de plus craignant de succomber
Sous vn sort qui vouloit son los faire tomber,
Luy a requis secours pour garder sa richesse,
D'autans que son renom oruoit toute la Grece.
Les subiects de mon pere ont requis son secours,
A fin d'exterminer de ce monstre le cours:
Il vient ambitieux d'augmenter son merite,
Estant accompagné d'vne troupe d'eslite,
Cuidant auoir tout seul le cercle de l'auriers,
Ou le cœur genereux graue ses fruicts premiers.
C'est cette occasion, qui fait enfler ma veine
Pour monstrer que ma force est egalle à la sienne,
S'il a des gens sous luy à la guerre esprouuez,

Les miens plus courageux, encor seront trouuez,
Et qu'à l'aide des dieux i'auray tout aduantage
Sur cette beste là pour en faire carnage:
Mais qu'est-ce que i'entends? Est ce des-ja la voix
De Thesee & ses gens qui sont dedans les bois?
Ah! ie voy que c'est luy, ou quelque autre escouade,
Qui pourroit m'accuser d'auoir l'ame couarde
Me rencontrant icy, sans auoir mon espieu:
Puis d'ailleurs le gibier passant dedans ce lieu
Me feroit ressentir le feu de sa furie,
Pour empescher cela & deffendre ma vie:
Il me conuient aller prendre vne arme en main.

Thesee.

Le plus bel ornement d'vn Prince est d'estre humain
Sur tout aux actions, où tel il doit paroistre.
Or cette humanité se peut faire cognoistre
Lors que l'occasion se presente à nos yeux,
Pour reuerdir nos chefs de lauriers glorieux.
Occasion vrayment, qui a la teste chauue,
Dont il se faut seruir à l'heure qu'on la trouue.
I'en ay vsé ainsi quand la fatalité
Auoit sur mon repos l'ennuie incité,
Repos, dont i'esperois auoir la iouyssance,
Apres auoir monstré l'effort de ma puissance
En tuant le taureau, Maraton deuorant,
Et du champ Cremion les beaux fruicts picorant,
Ie me trouua deçeu, car il fallut encore
T er ce grand larron, qui greuoit Epidaure,

de la Fatalle, 79

Preconstre meurtrier, Cercion & Sinis,
Tous chargez de larcins, & meurtres infinis:
Ie n'eus pas acheué de ceux-ci le carnage,
Qu'il me falloit subit faire vn autre voyage,
Pour aller assommer l'Alcathouen larron,
Piré que les premiers qui se nommoit Sciron:
Mais de tous ceux i'ay fait vne belle curee,
Rendant à des gibets leur carcasse aëree,
Hors le geant Sciron, dont les os deschargez
De chair, sur Amphitrite en rochers sont changez.
Par tout où ie faisois ces braues exercices,
Aux grands dieux immortels on faisoit sacrifices,
Et à moy des banquets, couronnes, & chappeaux
Ie viens d'en conquester encore de nouueaux,
Donnant la liberté d'vn peage seuere,
Que les Atheniens estoyent contrainss de faire.
La race Achaïenne exposée en danger
A requis ma valeur la vouloir proteger:
Ces deux ont en leur main vne paix florissante,
Qui deriue de moy, & leur ame contente.
Maintenant i'ay receu la supplication
Des Calidoniens chargez d'affliction.
Et pour les secourir, comme il est necessaire,
Ie porte dans la main cette arme meurtriere,
Ils ont dans leurs confins vn Sanglier furieux,
Lequel vomit le feu de son groin, & ses yeux,
Qui les tient fort captifs, & si on ne le tue
Il rendra sa fureur de carnage repue:

Mais voici arriuer des gens pour secourir.
Lasse ne cuidois pas d'vn tel heur me nourrir,
Car c'est Meleager ce Prince magnanime,
Qui se rend indompté quand son ire on anime
Ie le veux embrasser, venez, approchez vous,
Prince tant renommé, Prince benin & doux.

Meleager.
Theseus, Theseus, ie suis comblé de ioye,
Puis que le ciel permet qu'en ce lieu ie te voye,
Dis moy pour quel subiect tu t'achemine icy.

Thesee.
Celuy là pour lequel vous y venez aussi.

Meleager.
Nous serons prou de gens pour tuer vne beste.

Thesee.
Chacun y vient, à fin d'en auoir la conqueste.

Meleager.
Faites moy ce plaisir de me la figurer.

Thesee.
A vn grand sanglier il la fait mesurer.

Meleager.
Il ne nous fera pas fort grande resistance.

Thesee.
Ses dents luy seruiront d'vne grande deffense:
Et puis i'ay entendu qu'il tourmente ces lieux,
Vengeant le mespris fait aux autels precieux
De Diane deesse.

Meleager

Meleager.
Et qui a fait la faute?
Thesee.
Vostre pere Oneus, mais son peuple la porte.
Meleager.
Ie desire sçauoir pour quelle occasion
Diane a enuoyé cette punition.
Thesee.
Celuy qui vous cherit comme sa geniture,
Curieux d'honorer les dieux d'agriculture
Porta sur leurs autels tous les plus rares fruicts,
Que la terre cet an tresbeaux auoit produits,
Commenceant à Ceres, ie croy qu'il luy presente
Quelques espris dorez de la moisson recente.
A Bacchus des raisins, puis apres des rameaux,
D'oliuier à Minerue, & plusieurs fruicts nouueaux:
S'il est respectueux à ce dieu & deesses,
A trois dieux il auoit fait des autres promesses
De leur sacrifier, ce qu'il fit tost apres:
Mais voici le malheur qui a suiuy de pres,
Il laissa les autels de la Latonienne
Sans luy offrir des dons, elle prompte & soudaine
Enuoya ce sanglier pour tirer la raison
Du méspris, & gaster de Ceres la toison.
Ce qu'il a accompli, de plus vomit sa rage
Sur les grains minoircis nous seruant de breuuage
Sur l'oliuier aussi, bref tout est dissipé,
Et sera pis encor s'il n'est tost attrappé.
Meleager.

Meleager.
Diane en ses decrets se monstre bien cruelle.
Thesee.
Comme Minerue elle est & Ceres immortelle.
Meleager.
Ie confesse cela, mais qu'auoit merité
Le peuple de souffrir tout ce qu'il a porté?
Thesee.
Elle a voulu punir les subiects pour le Prince.
Meleager.
Pour vn particulier c'est trop qu'vne prouince,
Mais ce Sanglier est il si fascheux d'aborder?
Thesee.
Son poil tout herissé fait peur de regarder,
Voire ie vous diray iusques là qu'il est pire
Cent fois que les taureaux de l'herbageuse Epire:
Il paroist dans ses yeux mille flambeaux ardens,
Et son poil est semblable à des glaiues dardans,
De ses espaules sort vne humeur escumeuse,
Et cela seroit peu sans sa dent dangereuse,
Qui approche en grandeur celle d'vn Elephant.
Meleager.
Si faut il que quelqu'vn sur luy soit triomphant,
Car de tant de veneurs qui se sont venus rendre
Dans ces bois & taillis il ne se peut deffendre,
Quoy que Diane l'ait par courroux enuoyé,
I'espere que ma main rendra son feu noyé
Tout est cerné de gens armez à l'aduentage

De toilles & paneaux, de filets & cordage,
Les fils de Tindarus de leurs muscles tendus
Rendront en vn moment tous les efforts perdus,
Iason qui le premier inuenta le nauire,
S'il le peut attrapper luy donnera du pire
Pirothée, Acaste, & Linceus aussi
Pour le desenhurer ont au cœur le souci,
Et plusieurs apres, dont en effect le nombre
Sera assez bastant pour chasser nostre encombre.
Thesee.
I'ay aussi amené d'admirables guerriers
Dans le champ martial, moissonnans leurs lauriers
Leucipe, & Idas, Ceneus qui en femme
Auoit esté mué, puis retourna en homme
Hippothoé Drias, Phœnix, les fils d'Astor,
Thelamon, & Philee, & autre nombre encor,
Sçauoir Pheretias, & le pere d'Achille,
Panope, & Echion, Hippase, Yole, Hille,
Bref de tant de chasseurs le cœur est indompté,
Et le nombre ne peut aussi estre compté:
Mais voyons arriuer ceste troupe d'eslite.
Atalante.
La curiosité d'acquerir du merite,
L'ambition d'auoir sur mon chef feminin
Les lauriers tousieurs verds, & le chappeau benin
Sont cause que ie viens visiter ce riuage,
Portant dessus mon dos des chasseurs l'equipage,
Equipage vrayment, qui donne du plaisir,

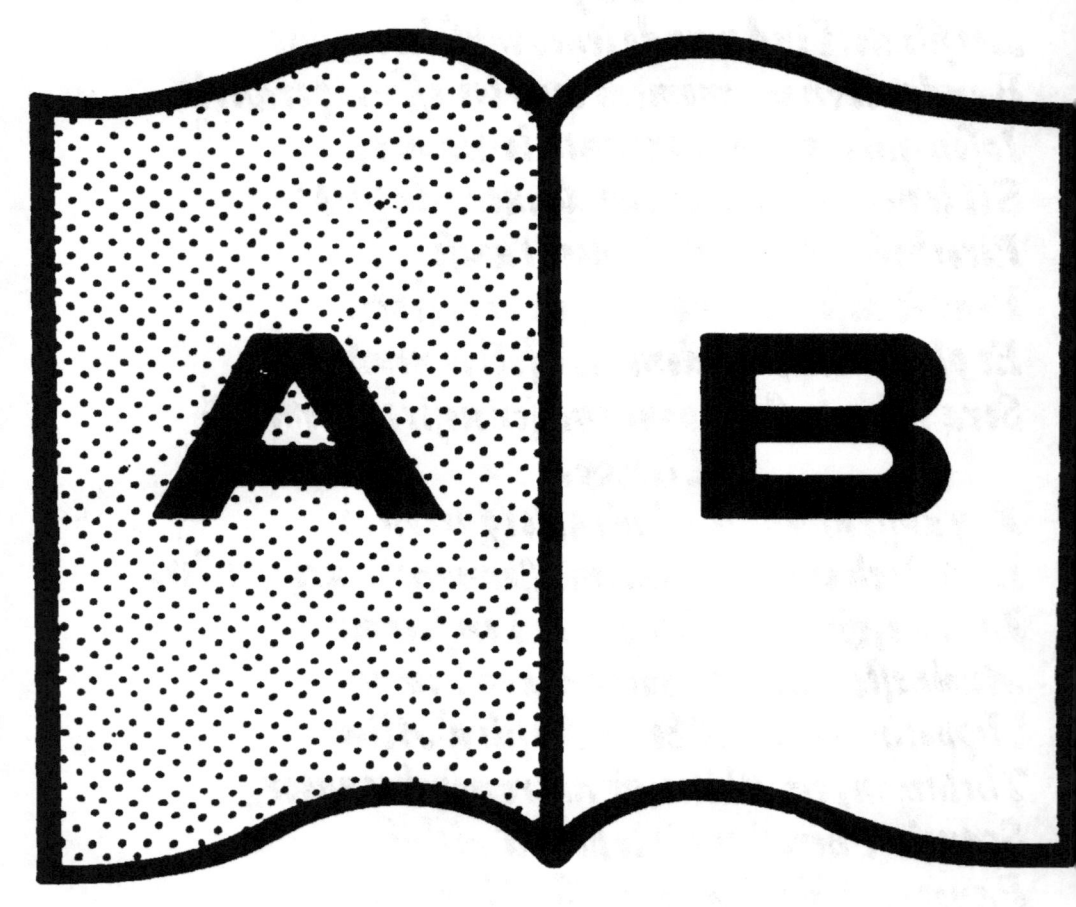

Contraste insuffisant
NF Z 43-120-14

Quand le fauue gibier hardi il faut saisir,
Et rendre auec un dard sa force abastardie,
Il a couru un bruit dedans nostre Arcadie,
Qu'en ce lieu habitoit un monstre, dont l'orgueil
Reduit les traits secs dans le final escueil.
Voila pourquoy ie voy une armee amassee,
Qui rendra sa fureur en peu de temps passee:
Car ces braues seigneurs de Mars les vrais portraits
L'attendent en ce lieu pour decocher leurs traits.

Meleager.
Cette Dame ie croy est quelque grand Princesse.

Thesee.
Elle a fait son discours d'une belle sagesse.

Meleager.
Mes yeux n'ont iamais veu un visage si beau.

Thesee.
Cypris luy doit auoir resigné son flambeau.

Meleager.
Toutes ses raretez ont ma force distraitte,
Et ma vie à ses pieds il faut que ie soubmette.

Thesee.
Vous fondez vostre amour en elle trop soudaine.

Meleager.
Pour sa beauté i'ay pris toute chose à desdain.

Thesee.
Sçachez premierement de quel lieu elle est nee.

Meleager.
Atalante est sonnom, & fille de Schenee

de la Faialle.

On l'a tenuuë ainsi.
Thesee.
Est-ce la verité
Qu'elle vous a desia mis en captiuité.
Meleager.
Helas, helas! o my redoutable Thesee,
Cupidon a rendu ma poitrine embrasee.
Thesee.
Ce mal se doit guerir par priere & espoir.
Meleager.
Apres auoir prié ie crains le desespoir,
Si ie n'ay sa faueur, saluons la mon braue.
Thesee.
Ie le veux vous voyant dedans ses rets esclaue,
Mais cela estant fait i'yray dans la forest,
Pour voir si l'appareil de la chasse est tous prest:
Discourez cependant.
Meleager.
Bon iour belle Atalante
Vous venez en ce lieu pour estre triomphante.
Atalante.
Vrayment excusez moy, ains pour participer
Au trauail entrepris pour la beste attrapper.
Meleager.
Ie croy que vostre dard luy rauira la vie.
Atalante.
Sans vous mocquer de moy ne portez point ennuy
A mes intentions: car Prince ie sçay bien,

E 2

Que mes bras & mõ dard pour sa mort ne sont riẽ.
Meleager.
Qui vous empescheroit d'estre victorieuse?
Atalante.
Mon sexe qui n'a pas la force aduantageuse.
Meleager.
En diuerses façons on le void glorieux.
Atalante.
Expliequez moy comment.
Meleager.
     Il nous rend amoureux,
Puis selon le besoin tout luy semble facile.
Atalante.
Le pouuoir d'une fille est souuent inutile.
Meleager.
Si nature luy a donné quelque beauté,
Elle met vn amant hors de sa liberté:
Comme vous Atalante, à qui ie me viens rendre
Pour viure sous vos loix, que si i'ose entreprendre
De vous offrir mes vœux, accusez seulement,
Non ma temerité, mais le grief tourment,
Que ie souffre pour vous: car s'il me laisse viure,
C'est pour vous adorer, & vos volontez suiure.
Atalante.
Discourez, s'il vous plaist, sur quelque autre subiect:
Car pour vous meriter, il faut vn rare obiect,
Et ie n'ay rien en moy, qui à cela vous force:
Mais vostre gayeté feint vne telle amorce,

          A fin

de la Fatale.

A fin de m'esprouuer.
Meleager.
Que croyez vous de moy,
Qui suis fils d'Oneus portant tiltre de Roy,
Que mon ame vrayment soit vne ame meschante?
Ah! ne le croyez pas Atalante, Atalante,
Daignez considerer toutes mes actions,
I'ay fait leur fondement sur vos perfections.
Atalante.
Prince ie ne suis pas à vostre sang semblable.
Meleager.
D'vn sang plus que Royal vous estes adorable.
N'exercez pas sur moy vostre seuerité.
Atalante.
L'amour d'vn tel seigneur ie n'ay pas merité.
Meleager.
S'il connoissoit peser quel est vostre merite,
Ma grandeur se verroit de beaucoup plus petite;
Quel plaisir aurez vous de me voir endurer?
Atalante.
Ie feray mon amour au vostre mesurer,
Le droit le veut ainsi estant vostre clienne.
Meleager.
C'est moy qui suis vassal, & toi tu es ma Roine,
Ta beauté tout pouuoir a receu dessus moy.
Atalante.
Tant de submissions me mettent en esmoy,
Car d'vn costé ie voy vostre amitié insigne,

E

Acte premier

De l'autre que ie suis de cet amour indigné.
Or puis que ie cognois vos resolutions
Portees à m'aimer sans nulles fictions,
Ie ne reiette pas vne telle alliance:
Mais allons, mes amys, i'entends que l'on commence
La chasse dans les bois, il faut nous y trouuer.

Meleager.

Ie desire cela, & ma force espreuuer,
Prenez vn dard en main: car la beste fuyarde
Nous pourroit offenser, si nous n'estions en garde.

ACTE

ACTE SECOND.

THESEE,
MELEAGER,
ATALANTE,
IASON,
PLEXIPPE,
TOXEE.

Thesee.

Rince Meleager, c'est maintenant qu'il faut
A ce gaste pays faire vn dernier assaut.
Meleager.
Si ie puis ie l'auray de force ou de finesse.
Thesee.
Vous ne serez pas tant comme vostre maistresse.
Atalante.
Il ne faut pas icy faire tant de discours,
Ains s'embusquer, à fin de terminer son cours
Aux chemins & destroits: car la chienneterie
Est entree aux bois, & qui chasse, & qui crie
Thesee Prince Grec est vn sage veneur.

E 4

Partant ie suis d'aduis, qu'il soit le gouuerneur,
Ordonnant à chacun vn lieu pour cette espere.

Thesee.
Belle, i'offenserois en cela de vous plaire,
Qui deuez commander d'vn pouuoir absolu.

Atalante.
Pied ferme, mes amis, chacun soit resolu
D'assaillir comme il faut, entrez dans cet vmbrage
Mon grand amy & moy garderons ce passage.

Meleager.
Le voicy, le voicy, ça ça frappons, frappons
Auec nos dards pointus, & de front l'attrappons:
Bon courage Echion tu luy as fait attixire.

Atalante.
Apres mes caualiers chacun coure sans feinte,
Car il se va cacher aux saules & rouseaux.

Iason.
O grand Dieu le premier des celestes flambeaux
Qui fus iadis autheur de la fleche premiere,
Ie te veux maintenant adresser ma priere:
C'est que ma main lançeant à la beste ce dard,
De sa pointe elle soit touchee en quelque part.
Tu sçais bien que tousiours i'ay porté reuerence
A tes autels sacrez, & chanté ta puissance:
Partant oblige moy de me faire iouïr
De cette faueur là, helas daigne m'ouïr,
Et m'oblige Phœbus d'exaucer ma requeste.

Meleager,

Meleager.

Courez tost & mettez les chiens apres la beste,
Leurier leurier, sus braues caualiers
Cachez vous vistement derriere ces haliers:
Vous Reine de mon cœur gardez bien cette place,
Au milieu de nous tous sans doute il faut qu'il passe.
A ce coup à ce coup, quoy n'auons nous rien fait,
Si faut il voir la fin de ce porc tant infect.

Atalante.

Iason luy a donné de sa flesche pointue,
Mais le coup a rendu sa rage plus esmuë:
Car de sa dent il a Eupalamon occis,
Pelegon, Enesime aux combats endurcis.
Que si Nestor n'eust eu dedans les mains sa pique
Sans doute il eust couru vne pareille risque,
Et les bessons aussi du depuis admirez
En la sphere, au printemps des amans desirez:
Mais trouuons en la fin nostre chasse est trop lente,
Ie veux ie veux monstrer, que ie suis Atalante.
C'est auoir trop chassé sans rien prendre en ce lieu,
Thesée, mon ami prenez moy vostre espieu,
Pour conseruer ce coing, & vous Prince que i'aime
Tenez ce sentier là pour le garder de mesme:
Tous ces soldats icy vous accompagneront,
Mais comme ceux qui sont dans la forest crieront,
Mettez vous en deuoir: car ie veux que l'on face
Que la beste à ce coup demeure en cette place,
Il nous faut escouter quand le cor sonnera

E e

Acte second

Cette course, ie croy sa derniere sera:
En garde mes amis, le voicy qui approche,
Et que tous à la fois chacun son coup desçoche.

Meleager.

Vilain demeure icy tu ne dois plus courir,
Ie t'ay lancé vn dard, qui te fera mourir:
Il faut cesser les cris de ta gorge escumeuse,
Et ta rapine aussi qui nous est trop fascheuse.

Atalante.

Frappez Meleager, faites le expirer.

Meleager.

Auec mon bras nerueux ses iours ie veux tirer.

Thesee.

Courage il est à nous, que chacun mene ioye
Felicitant celuy, qui a conquis la proye:
Viue Meleager dont le bras martial
A monstré ce iourd'huy qu'il est de sang Royal,
Ie ne m'estonne plus, si nous auons en peine
De pouuoir arrester ceste beste inhumaine:
Car la grandeur qu'elle a donne espouuantement,
Encore qu'elle soit icy sans mouuement.

Meleager.

Ie ne dois pas auoir l'honneur de la victoire.

Atalante.

Qui heritera donc les fruicts de cette gloire?

Meleager.

Belle ce sera toy.

Atalante

de la Fatale.

Atalante.
　　　　　　　　Ie les prendrois à tort.
Meleager.
De ton bras le premier il a senti l'effort,
Car tu luy as percé d'vn de tes dards l'aureille,
Ayant rendu de sang son eschine vermeille.
Atalante.
Le coup estoit petit pour ses iours terminer.
Meleager.
Glorieux on me veit, & par luy dominer
Tu l'aurois estonné, & moy plein de colere
D'vne flesche ie l'ay attrappé par derriere,
Puis auec mon espieu dedans son flanc pouffé,
I'ay arraché sa vie & son feu repoussé,
Tellement que voila la loüange commune
A nous qui attendons plus heureuse fortune:
Et pour la diuiser rends moy tant honoré
Receuoir de ma niain ce gros chef enhuré,
Le derriere & la peau de la beste sauuage,
Et le reste sera s'il te plait mon partage.
Atalante.
Acceptant ce present tu acquiers dessus moy
Des obligations.
Meleager.
　　　　　　　　M'amour ie suis à toy,
Mais à toy tellement que ie vis en ton ame.
Atalante.
L'amant dissimulé dit ainsi à sa Dame.

E 6

Acte second

Meleager.
L'amour se recognoit auec l'affection.
Atalante.
L'amour qu'on cuide seur est plein de fiction.
Meleager.
Les larmes font marquer d'vn amant la constance.
Atalante.
Elles seruent aussi de voile à l'inconstance.
Meleager.
Vne amante cognoit de son amant l'humeur.
Atalante.
Voire le plus souuent vuide de tout honneur.
Meleager.
Le parfait amoureux a le maintien modeste,
Et d'infidelité son ame se voit nette.

Atalante.
Le plus courtois se dit estre prest de mourir,
Quand la legereté dans soy il veut nourrir.
Meleager.
Tous hommes ne sont pas en actions semblables.
Atalante.
Il s'en treuue bien peu sans estre variables.
Meleager.
Si cela estoit vray, le petit Cupidon
Auroit perdu le feu de son diuin brandon,
Sen arc seroit sans fruit, & sa sagette encore

de la Fatale

Ne m'auroit pas nauré, à fin que ie t'adore,
Tu sçais bien que l'amour se cognoit aux effects.

Atalante.
L'amour demande aussi des subiects tous parfaits,
Egaux en qualité, & semblables de race.

Meleager.
Tout cela ne fait rien, car le desir surpasse,
Bien que de sang Royal soit mon extraction,
Et que tu n'en sois pas, croy que d'affection
Ie t'aime vnicquement.

Atalante.
       Mais peut estre par fainte.

Meleager.
Cette response là generalle est empreinte
Dans la bouche des filles, à fin de martyrer
Ceux, qui pour leur beauté sont aux bords d'expirer;
Que leur sert de nourrir vne ame tant cruelle?
Rien, sinon pour monstrer vn cœur du tout rebelle
Aux douces loix d'amour, & dis en verité,
Le sexe feminin de mespris assisté:
Car si d'affection il voit qu'on le caresse,
Quelque fois pour vn rien le desdain son cœur presse;
Les filles en amour n'ont point de fondement.

Atalante.
Quand la fille aime aussi, elle aime cherement.

Meleager.
Ie t'accorde cela, c'est pourquoy Atalante

Cognoissan$

Cognoissant que pour toy ma vie est languissante,
Auctorise mes vœux, & les grane en son cœur:
Cupidon veut qu'il soit dessus le mien vainqueur.

Atalante.
Ce discours bien au vif Meleager me touche,
Car il amolliroit vne pierre, vne roche,
Et partant soyez seur que ie vous cheriray
Ainsi que meritez, voire que i'estiray
Mesme brandon que vous.

Plexippe.
L'ambition nuisante
Domine trop ton cœur Atalante, Atalante
Ne cuide pas iouyr du fruict de tes trauaux:
Car vers tous les chasseurs ils doibuent estre egaux,
Quoy que Meleager dispose de la proye.

Atalante.
Ce que i'ay sa bonté benigne me l'ottroye.

Plexippe.
Il est trop liberal de ce qui n'est pas sien.

Atalante.
Le present qu'il m'a faict ne vous touchoit en rien,
Mais vos desseins se font d'vne humeur trop hardie,
Craignans que sa valeur ie chante en Arcadie:
Vous estes ses parens, & comme tels deuez
Vanger ses faicts guerriers quand ils seront greuez.

Toxée.
Estans nostre parent sa faute en est plus grande,

de la Fatale.   97

Et nous donnant respect, le droit veut qu'il le rende,
Non pas nous mespriser en se donnant la peau,
Le derriere & le chef du sauuage pourceau.
Croy-tu de l'espouser? ah non, non tu t'abuse,
Encor que ta beauté auec ses rais l'amuse
Plustost pour son profit, quitte moy ce present
Commun à partager, car en le refusant
Nous sommes resolus de le rauir de force,
Et s'il faut de courroux que nous prenions l'amorce,
Tel cuide estre mauuais qui sera bien frotté.

Atalante.

Quel sera celuy-là si fol & effronté,
Qui vueille s'attacquer à l'enfant Thestien?

Plexippe.

Moy mesme le premier.

Atalante.

      Tu ne gaigneras rien
D'entreprendre cela, que cette volonté
N'offense ton nepueu vers moy plein de bonté.
Si ton frere Toxee, & toy semblablement
Le faictes, croyez-moy, ce sera vainement.

Plexippe.

Adresse tes raisons à quelque effeminé,
Non à moy qui prendray d'un courroux obstiné
Le present à toy faict.

Meleager.

      Ie ne puis comment croire.

Vostre presomption entreprend cette affaire
Me faire vn tel affront, qui le supporteroit
Sans en tirer raison? ah l'on me jugeroit
Vuide de iugement, & poltron de courage
Vous deuiez respecter du moins le parentage,
Qui nous tient alliez, de plus ma qualité:
Vostre esprit se cognoist par trop precipité
A vn mauuais dessein: mais par les dieux ie iure,
Que vous reparerez cette faute & iniure,
Detestables parents, mauuais, audacieux
Il ne faut pas vers moy estre ambitieux,
Enuiant mon bon heur, & offensant ma belle,
Dont la perfection sans tresue me martelle,
Arrachant de ses mains le formidable chef,
Qu'elle auoit herissé, s'exposant au meschef,
Et adioustans encor faute sur autre faute,
Vous auez attenté à ma puissance haute
Iusqu'à me menacer, c'est trop en mon endroit.
      Plexippe.
Ce n'est pas menacer de soustenir son droict.
      Meleager.
Helas! dittes le moy, car si i'ay cognoissance,
Que i'aye en vostre endroit iamais commis offense,
Ie me disposerai à satisfaction.
      Plexippe.
Tu nous deuois monstrer autant d'affection,
Voire de beaucoup plus qu'à cette Arcadienne,
Sans priuer tes labeurs, nos trauaux, nostre peine

de la Fatale. 99

Des fruicts de leur espoir : car il estoit raison
Que chacun eust sa part de cette venaison
Terrassee en ce lieu, & par nostre assistance.
Meleager.
Vostre despit ne vient que de la preference,
Ie le voy maintenant.
Toxee.
       Tu as fort bien iugé.
Meleager.
D'vn debile suiect ce despit est chargé,
I'aime bien mieux auoir obligé ma diuine,
Que vous qui desirez de nos feux la ruine.
Plexippe.
La veüe de ce chef iamais elle n'aura.
Meleager.
Oncle vous mentirez, ou vn de nous clorra
Sa paupiere, & verra tost deualer son ame
Chez celuy qui rauit Proserpine sa femme :
Mais i'auray plustost fait de vous mettre au sentier
Auec ce couteslas.
Toxee.
       Es tu bien si entier
Hayssable nepueu de tout respect auide,
D'auoir dedans ton sang fait vn tel homicide?
Ah! Plexippe faut il que le feu d'amitié
Aye noyé ses tours au lethe sans pitié?
Meschant desnaturé, as tu bien osé faire
Ce massacre odieux, & pour vne estrangere

I'en

Acte second

J'en auray la raison, ou le sort hazardeux
Par ta main ne sera qu'un tumbeau pour nous deux.

Meleager.

Ie voy, ie voy desia ta couleur qui est pasle
De crainte, & de frayeur que ma main te deualle,
Où son frere est allé, si tu l'as tant aimé
Lors que son corps estoit en ce monde animé
Va poursuiure là bas l'amitié cordialle,
Il t'attend sur le bord de l'onde stigialle.
Voila, voila comment il faut punir l'orgueil,
Et enuoyer chercher le Clothonide escueil
A tels ambitieux, car pour une maistresse
Il se faut exposer au mal, à la destresse,
Et ne rien endurer, comme moy qui a mis
Ces hommes au tombeau mes oncles, mes amis
Ie donne ce conseil à celuy là qui aime,
Quand on l'offensera, qu'il en face de mesme.
Vn amant est assez chargé de son tourment,
Sans que quelque ialoux luy donne empeschement.

Atalante.

Helas! qu'auez vous fait

Meleager.

Ce que ie deuois faire.

Atalante.

Mais, vous ne deuiez pas leur estre tant seuere,
Car c'estoit vostre sang.

Meleager.

de la Fatale.

Meleager.
　　　　　　　Ils me sont obligez,
Car des malheurs mondains ie les ay deschargez.
　　　Atalante.
I'ay crainte que les dieux en tirent la vengeance,
Comme iustes qu'ils sont.
　　　Meleager.
　　　　　　　Il faut que l'on balance,
Lequel de ces corps morts, en moy auoit le tort.
　　　Atalante.
Il tombera sur vous quand on sçaura leur mort,
Le Roy sera premier, sçachant que vostre lame
Chez Rhadamante aura logé l'vne & l'autre ame,
Qui vous en blasmera, & puis vos citoyens.
　　　Meleager.
Contre les accidents il y a des moyens,
Dont on se doit seruir.
　　　Atalante.
　　　　　　　C'est vn mauuais affaire,
Si le Roy veut sur vous exercer sa colere.
　　　Meleager.
Il se ressouuiendra qu'il est mon geniteur.
　　　Atalante.
Que de deux assassins vous estes le facteur.
　　　Meleager.
Mais se vangeroit il sur sa propre semence
Pour ceux qui n'estoyens rien à luy que d'alliance?
　　　Atalante.

Atalante.

Le Prince doit punir sans nulle exception,
A fin de maintenir sa reputation:
Car si les grands estoyent supportez en leur vice,
Que serviroit au Roy le bras de sa iustice?

Meleager.

Mon pere aura esgard qu'ils estoyent envieux,
Et que pour ton subject i'ay fait siller leurs yeux,
Partant ensevelis la peur apprehensive,
Qui te combat ainsi: car veux tu que ie vive
Content en ta prison, quitte moy ce discours,
Et faisons que nos cœurs suiuét l'amoureux cours,
Viue l'amour egal, viue vne douce flamme,
Viue de voir coller deux ames en vne ame,
Viue l'amant fidel en ses trauaux constant,
Attendant le iouyr de l'obiect l'arrestant
Dans les ceps doux amers, car sans la iouyssance
L'amour n'a point de fruict, ce n'est rien que souf-
france:
Les discours ne sont rien, les baisers, les attraits,
Sinon d'attisements, decochemens de traits
Du feu qui nous enflame: & partant Atalante
Fais que mon ame soit en ton ame vivante,
Qu'vn reciproque amour rende nos cœurs vnis
Sous les loix d'Hymenee, & nos trauaux finis,
C'est assez enduré.

Atalante.

A ce seul but i'aspire.

Meleager.

Meleager.

Permets que i'aille voir si mon pere en son ire
Contre moy entrera, il aura entendu
Que chez Pluton i'auray mes oncles descendu.

Atalante.

Il me faut retirer pour donner asistance
A celuy qui sur moy comme pere a puissance.

Meleager.

Auant nous separer donne moy vn baiser
Pour attiser mon feu, ou bien pour l'appaiser.

ACTE

ACTE TROISIESME.

ALTHEE, mere de Meleager,
VN CHASSEVR.
LA DAMOISELLE d'Althee.

Althee.

Que le contentement que reçoit vne mere
Est grand, quand elle voit la fortune pro‑
spere,
Qui comble ses enfans, c'est ce qui resiouyt
Mon cœur, voyant mon fils qui triomphe, & iouys
Du mauuais animal, qui gastoit nostre plaine
Par sa voracité cruelle sans peine.
C'est pourquoy le sçachant ainsi victorieux,
Ie veux remercier la bonté des hauts dieux,
Et dans leurs temples saincts pleine de ioyssance,
De ma main ils auront des dons en abondance.

Le chasseur.

Helas! que les destins des humains sont diuers,
Aux vns ils sont voilez, aux autres descouuerts:
Voilez vraymēt à ceux que la dame roüante
Esleue pour vn temps de sa main decenante,

de la Fatalle.

Et desconners aussi à ceux qui ont passé,
Cherchans nouueau seiour sur le fleuue glacé,
Qui eust peu asseurer le sort de ces deux freres
Pour les voir auiourd'huy en vne, non deux bieres,
Qui eust peu asseurer vn sort plus vicieux,
Que celuy dont l'effect est trop malicieux.
Mais encore, ô malheur: mais malheur deplorable
Qu'vn nepueu sur son sang se fust rendu coulpable,
On ne l'eust iamais dit.

Althee.
               Quelque desastre est né,
Car ce chasseur icy paroist tout estonné.

Le chasseur.
Deux extremes douers ataquent vne mere,
Le tiltre filial, la qualité de frere.

Althee.
Quel obiect est ce cy? ah! ce sont mes germains
Que lon a massacrez, de coups trop inhumains:
Faut il, faut il mes yeux voir vn tel stratageme,
Et deux freres passez chez la Deesse blesme.
Sainctes manes au moins faictes moy le rapport
De ceux qui m'ont priué de vous tout mon support,
Pour saouler à souhait leur cruauté auide
Dans le sang que ie voy sur ce lieu tout liquide.
Ie voy bien, s'ay grand tort de vous importuner,
Car vous ne pouuez pas en ce lieu retourner:
Freres que fera donc vostre germaine Althee,
Vous voyant habiter la riue Acherontee?

Ell

Elle aura son recours pour pleurer ses malheurs
Aux plainctes, & aux cris, aux regrets, aux douleurs,
Attendant que le temps qui meurit toutes choses
Des meurtriers rendra les nouuelles escloses.
Le chasseur que vnicy peut estre le sçaura,
Ami sera ce toy, lequel me nommera
Les barbares cruels, qui ont occis mes freres,
Et par leur mort changé ma ioye à des miseres.
Ce n'est pas le gibier qui les a attrappez,
Ains plustost d'vn estoc ils ont esté frappez,
Que ton cœur soit esmeu des sanglots que ie iette.

Le chasseur.

Madame vostre perte en mon cœur ie regrette,
Mais las que ferez vous, c'est la fatalité
Du sort, qui tient nos iours en son extremité.
Il n'est pas permanent, & tousiours fauorable,
Plustost charge nos iours d'vn estat deplorable
Et partant delaissez ce curieux desir
De sçauoir qui les a en ce lieu fait gesir.

Althee.

Ie veux de ce forfait luy donner le salaire.

Le chasseur.

Le sçachans vous serez timide à ce faire.

Althee.

Qui m'en empeschera?

Le chasseur.

Ce sera la douceur

Que

Que vous devez monstrer non pas comme vne sœur,
Ains d'vn plus haut degré à vostre genitrice.
Althee.
O dieux, dieux souuerains cette action si dure
Peut elle deriuer du bouboüillant courroux
De celuy, que mieux i'aime apres mon cher espoux?
Ah! cruel qu'as tu fait, meschant & detestable,
Il ne s'est iamais veu enfans à toy semblable,
Viens miserable, viens encore executer
Ta rage sur mon corps, sans me laisser porter
Vn tel dueil fraternel.
Damoiselle.
C'est trop, c'est trop, madame
Sanglotte & gemy donnez calme à vostre ame
Sans l'affliger ainsi.
Althee.
Qui ne s'affligeroit
De deux freres tuez? ah! celuy-là seroit
Sans aucune amitié.
Damoiselle.
C'est vne chose faicte.
Althee.
Mais la punition il faut que i'en appreste.
Damoiselle.
De vostre propre enfant vous voulez vous vanger?
Althee.
Ouy: car dois-ie pas son vice corriger,
Moy qui luy ay donné par deux fois vie & estre,

F

Et d'un assassinat il le veut recognoistre.
Damoiselle.
Le pouuez vous auoir enfanté doublement
Contre le cours humain?
Althee.
Ouy certainement
Pour la premiere fois à l'aide de nature
Dans mon ventre il a eu sa vie & sa figure.
Or comme il fut sorti hors mon flanc sa prison,
Et qu'au lict i'esperois l'entiere guerison
Des Lucines douleurs, les trois Parques mortelles,
Qui logent chez Minos, les ames criminelles,
Apres auoir filé de leur infect fuseau,
Nos iours pour nous mener en vn monde nouueau
Vindrent dans le palais où i'estois accouchee,
Pour rendre sur le lieu sa ieunesse fauchee
Dans son infecte main, l'une des trois portoit
Vne piece de bois, où leur dessein estoit,
Comme sur mon enfant leur furieuse veuë
Tout à loisir se fut de sa beauté repeuë.
Celle là qui portoit cette piece de bois
Prononça ces propos de mediocre voix:
Ta vie, ô ieune enfant il nous a pleu estendre
Iusqu'à tant que ce bois soit consommé en cendre,
Ces propos acheuez elle met sans pitié
Ce tronc dedans le feu, moy pleine d'amitié,
Et qui ne voulois pas que ma propre substance
Suiuist ce vieil fatal, sans tarder ie me lance

de la Fatale. 169

Hors du lict où i'estois, & n'apprehendant rien
Ie tire ce tison auide de tout bien,
Puis en prenant de l'eau ie rendis estouffee
La flame qui s'estoit à ce bois eschauffee:
Ie l'ay tenu caché pour conseruer ses iours,
Mais ie ne feray pas cet office tousiours.

Damoiselle,
Madame il ne faut pas espouser vn courage
Pour mettre vostre fils à la mort au carnage.

Althee.
Personne ne sçaura quelle est ma volonté.

Damoiselle.
Quoy, voudriez vous punir iusqu'à l'extremité?

Althee.
Auant que prononcer ma derniere sentence,
Ie veux que ce chasseur me donne cognoissance
De ceux qui ont le tort, dis le moy franchement.

Le chasseur.
Madame pour subir vostre commandement,
Sachez que vostre fils assisté de sa bande
Vouloit l'espieu en main entrer dans vne lande.
Quand voici arriuer vne armee de gens,
Qui pour nous secourir se monstroyent diligents,
Dedans il apperceut la fille de Schenie
Si pleine de beauté, de sang de grace ornee.
Qu'il en fut amoureux, & sans retardement
Il luy fut declarer quel estoit son tourment,
Tellement qu'il gaigna le cœur de cette belle,

F 2

L'esmouuant à nourrir vne flame iumelle,
Estans sur leur discours nostre voix ils entendent,
Et tout en vn moment proche de nous se rendent:
Puis tous ensemblement, & d'vne longue haleine
Nous essayons d'auoir la victoire certaine
Sur le monstre hideux, qui fut trois fois chassé,
Et couru par les chiens sans estre terrassé.
Quoy voyant vostre fils auec son Atalante
Ambitieux d'honneur, d'vne ame impatiente
Ils sont tenir les vns dans des buissons cachez,
Les autres aux destroits sur pied ferme perchez:
Chacun à peine estoit posé en sentinelle,
Que pour la quarte fois vint la beste cruelle,
Qu'Atalante blessa d'vn coup à remarquer,
Et qui meut vostre fils à l'aller attaquer:
Car il lancea deux dards à l'animal farouche,
Et du second en fin sur la terre il le couche:
Puis à grands coups d'espieu il le fait expirer,
Ioieux il commencea la chair à deschirer,
Et la hure donna la peau & le derriere
A celle, qu'il nommoit sa Reine & sa geolliere.
Or madame voici d'où le mal est venu,
Que leur nepueu estoit obligé & tenu
De leur porter honneur comme à l'Arcadienne,
Disans que s'ils auoyent partagé à la peine
Ils deuoyent selon droict profit en retirer,
Et ces propos tenus soudain ils vont tirer
Le don hors de ses mains, à la fin il arriue

de la Fatale.

Que le nepueu iré à ses oncles esmeut
Partie d'amitié, & puis d'autre action
Les voyant endurcis à satisfaction
Il tire son estoc bouboüillant de colere,
Et d'un coup renuerse Plexippe mort à terre.

Althee.
Carnacier, carnacier deuois-tu faire ainsi?
Ah! iamais tu n'auras de ta mere merci.

Le chasseur.
La crainte & la fureur la face auoyent changee
De Toxee enuieux, de tost rendre vengee
La mort de son germain: mais ce fut l'instrument,
Qui luy fit visiter dans le froid monument:
Car sans auoir loisir de se mettre en deffense,
Meleager le met dans l'Erebe silence.

Althee.
O prodige inouy, abominable effect
Le tort à mes germains d'vn mesme glaiue est fait
Par mon fils, par mon sang, ô rage furieuse
Enfant plein de malheur, mere plus malheureuse,
Voila tes beaux effects, ô bastard Cupidon,
Voila ce qu'a produit ton venemeux brandon,
Brandon qui seruira pour donner sepulture
A celuy qui a pris dans mon flanc sa facture.
Tu mourras, tu mourras ingrat Meleager,
Sans iamais plus reuoir ton obiect estranger.
Hà! que pleust aux grands dieux de la voute celeste
Atalante en chassant eust eu sa fin funeste.

F

C'est par elle, ô malheur, que mon desastre vient,
C'est pour elle, ô malheur, que mon ire prouient
Enuers mon propre enfant, & que trop furibonde
I'ay resout le leger dedans vn autre monde.
Sus amis faites tost en ce lieu allumer
Vn feu qui soit ardent, & puisse consommer
Ce bois que i'ay en main.

Damoiselle.

Ne soyez tant cruelle
De tuer vostre enfant, vous rendans criminelle,
Puis que vos freres sont sur le lethe passez,
Le seul nom maternel est suffisant assez
Pour gaigner vostre cœur.

Althee.

Las m'amour ie balance
D'vn iuste contrepois le delict & l'offense
Qu'a fait Meleager auec mon amitié:
Mais ie vey son forfait surmonter de moitié:
Et puis ie te diray il s'est rendu indigne
De la peuuoir gaigner, & luy estre benigne.

Damoiselle.

Madame vous deuez dedans le cœur auoir
L'amour de vostre sang, non pas vous esmouuoir
Ainsi à la rigueur, espousant la tristesse.

Althee.

Ie ne seray iamais à mes freres traistresse.

Damoiselle.

C'est voiler son renom vser de cruauté.

de la Fatale.

Althee.
C'est monstrer son renom de garder loyauté.
Damoiselle.
Vne mere auroit tort de perdre sa semence.
Althee.
Elle doit chastier l'enfant quand il offense.
Damoiselle.
Meleager a fait un acte plein d'honneur.
Althee.
Meleager a fait à son los deshonneur.
Damoiselle.
Il est prisé de tous pour cet acte louable.
Althee.
Pluſtoſt il eſt hay pour ſon fait deteſtable,
Auez vous iamais veu loüer vn meurtrier?
Damoiselle.
Ce meurtre icy ſe peut aiſement pallier
Sans qu'il puiſſe charger de blaſme & vitupere:
Car le feu de l'amour l'a contraint à le faire.
Althee.
Le venin de l'amour abregera ſes iours.
Damoiselle.
Madame voulez vous en ire eſtre touſiours
Pour vous monſtrer ainſi mere deſnaturee,
Et rendre la maiſon d'Oneus eſploree?
Auriez vous bien le cœur de mettre à l'abandon
Le regne floriſſant de noſtre Calidon?
Auriez vous bien le cœur de rendre malheureuſe

La nation vivant sur les autres, heureuses
Voudriez vous endurer que vostre propre main
Nous donnast pour butin à vn Prince inhumain?
Bref, auriez vous le cœur d'enfanter vn tel vice,
Pour nous oster ce Prince où est nostre delice?
Si vous l'auez nourri, mais nourri cherement,
Et dedans vostre sein donné allaittement,
Helas! conseruez le pour auoir l'heritage
Du beau sceptre doré que le Roy tient pour gage.
Mes prieres, mes pleurs vous deuroyent bien toucher
Encore que le sang suffit pour empescher
Vos desseins trop cruels.

            Althee.
                    Ah que ie suis esmeuë,
Car son discours me rend sans estre resoluë.

            Damoiselle.
Iugez où est le droict.

            Althee.
                    Il est des deux costez.

            Damoiselle.
Ie ne vey rien d'egal en leurs extremitez,
Puis que vos freres sont enclos dessous la tumbe,
Ne permettez encor que vostre fils y tombe,
Mesmes auant le temps sçachant qu'on ne peut pas
Finir le dard mortel à l'heure du trespas.

            Althee.
L'Idee est à mes yeux des fraternelles ombres,
Qui me prie vanger leurs funebres encombres.

de la Fatale.

Damoiselle.

C'est vn mauuais obiect auide de pitié,
Qui veut bannir de vous vne saincte amitié,
Ou bien quelque demon enuieux de vostre aise
Voudroit grauer en vous ceste action mauuaise.
Les phantosmes damens ne sont que des trompeurs,
Et pour nous deceuoir par leurs portraicts pipeurs
Paroissent à nos yeux en la forme & figure
De quelqu'vn nostre ami, qui a eu sepulture:
N'adioustez donc pas foy à ces illusions
Pour les s'imprimer à vos conceptions.

Althee.

Vn desir de rigueur sans cesse me tenaille,
Et l'amour d'autrepart me liure la bataille:
Ie sçay que i'aurois tort de rendre en vn tombeau
Mon enfant, lequel vient en son age plus beau.
Car le faisant ainsi les ames estrangeres
Me logeront au rang des meres meurtrieres,
Estant timide aussi à punir ce meschant,
Quand mes yeux silleront par le dard tout fauchant
On me refusera à bon droit le passage
Du fleuue, où est Caron nautonnier chenu d'age,
Indigne de iouyr le lieu delicieux
Du champ Elisien exempt de vicieux:
Et puis il est certain que les ames fidelles,
Qui ont desia subi les puissances mortelles
Sur tous de mes germains ne le permettroyent pas,
Si ie n'auois tiré raison de leur trespas.

Partant ie suis forcée à e.lancer mon ire
Vers l'ingrat que ma chair pour fils voulut produire:
Il faut que cet esclat face vn triple cercueil,
Charge mes ans grisons iusqu'au mortel escueil:
Face que la maison du puissant Roy Oinée
Au vru de l'estranger au malheur soit donnée:
Que Thestius aussi voye morts estendus
Trois enfans, lesquels sont d'elle & moy descendus,
Et que les geniteurs de mon fils & mes freres
Portent vn mesme dueil, souffrent mesmes miseres
Dans ma main, dans ce bois tout le sort est compris
De mon Meleager qui rend mon cœur surpris.
Voici le feu tout prest, & desia ceste flame
Ensie son eslpar, vient attacquer son ame:
Mais tout cela n'est rien sans resolution
Que ie veux embrasser auec l'affliction.
O freres parlez moy, esleuez vostre veüe
Pour vanger vostre mort, voulez vous que ie tue
Vn ieune adolescent? Ouy vous le voulez,
Et qu'il partage au sort qui vous a dévalez,
Et bien ie le feray pour vous estre fidelle,
Si i'ay tant retardé la pitié maternelle
Tenoit mes bras liez, comme encore elle fait,
Ie ne veux pas nier l'execrable forfait
Commis en vostre endroit: mais s'il se pouuoit faire
Ie voudrois obseruer les functions de mere.
Or cela ne se peut, car ie dois mesurer

Si

de la Fatale.

Si Calidon pourra souffrir & endurer
Un Roy souillé de sang, & que plein d'arrogance
Il demeure impuni sans payer son offense.
Et vous freres amis estre faits le butin
Du lieu qui tire à soy nostre final destin:
Non, non ie ne veux pas souffrir le vitupere
D'vn fils qui ne doit point succeder à son pere.
C'est pourquoy maintenant serue de la fureur
I'ay de Meleager pris la vie en horreur,
Si que pour assouuir ma detestable haine,
I'ay besoin que quelqu'vn à mon aide suruienne:
Ie vous appelle donc, ô vierges de malheurs
Pour venir acheuer de combler mes douleurs,
Pour venir asister à mon sanglant office,
Pour venir approuuer mon cruel sacrifice.
He' que si i'eusse sceu cet assaut supporter,
Quand vous vouliez les iours par ce bois emporter
De mon frere, tout tendret, i'eusse, i'eusse moy mesme
Embrassé vos desseins iusqu'au dernier extreme,
A fin de le loger au lac obliuieux
Pour ne voir point enfin ce qui est à mes yeux.
Mais helas! ie cognois que son heure derniere
Se gardoit auiourd'huy pour moy sa meurtriere:
Pour moy qui a le cœur nauré entierement
Iusques à me tirer aux bords d'vn monument:
Sortez freres, sortez de vos fatalles vrnes,
Abandonnez vn peu les riuages nocturnes,

F 6

Ou caressez là bas celuy dont les tendans
Vous a mis dans le lieu où tous nous descendons,
Il est sur son depart, ces flames vehementes
Rendent bruslant ce bois vos deux ames contentes.
Si contre mon enfant i'ay par trop attenté,
Souuenez vous que c'est pour nostre pareuté.

ACTE

ACTE QVATRIESME.

MELEAGER.
ONEVS Roy de Calidon.
LES Gentils-hommes d'Onéus.

Meleager.

Vand le dieu Paphien vnique de Ciprine
Eut lancé son brandon au creux de ma
poictrine,
Et qu'il s'impatissa sa flame à mon desir
Pour me faire adorer l'Arcadien plaisir,
Pour me rendre captif aux ceps de ma deesse,
Pour servir Atalante en tiltre de Princesse,
Ie receus dans mon cœur vn grand contentement:
Car l'object qui causoit mon doux amer tourment
Alimentoit mes iours d'vn espoir fauorable.
C'est pourquoy ie trouuois mon ioug fort agreable,
Quand encore ma main à terre eut renuersé
Ce farouche animal que nous auons chassé,
Que le cœur de mon cœur print sa part de la proye
Commune entre nous deux, vne seconde ioye
M'appasta doucement, depuis ce iour heureux
Demi mort i'ay vescu en constant amoureux:

Siiij

Acte quatriesme

Sur la promesse aussi que ie tiens de ma belle
Sur sa grande beauté, sur sa flame immortelle,
Sur ses perfections, & bref sur sa vertu
Qui rendoyent de lauriers son beau front reuestu;
Estimant ma grandeur estre bien honoree
De rendre par mes vœux Atalante adoree
Dans mon interieur, & tout en vn moment
I'ay senti se glisser quelque mal & tourment,
Qui surcre mes os, tarit de sang mes veines,
Et bourrelle mon corps de passions, de peines,
Ie suis comme perclus sans pouuoir desmarcher,
Tous mes membres en fin ie n'oserois toucher :
Car ce mal violent de peu à peu s'augmente,
Rend peu à peu aussi ma vie languissante :
Ie ne sçay pas si c'est le petit Cupidon,
Lequel vueille exposer mes iours à l'abandon,
Ie ne sçay pas si c'est la peine de la chasse,
Qui d'vn sang corrompu la pleuresie amasse
A l'entour de mon cœur, & bref ie ne sçay pas
Ce qui minute ainsi de mes iours le trespas,
Soit la chasse ou l'amour il conuient que i'accepte
La mort, si le destin mon dernier sort appreste.
Mais quoy? faut il souffrir le mal me trauailler,
Et si cruellement tout mon corps tenailler?
Faudra-il habiter la maison infernalle
Sans cognoistre & sans voir le mal qui me rend pasle?
Non ie me veux sercer, ie veux rendre perdu
Le mal qui dedans moy se peut estre espandu.

Ma

de la Fatale.

A la princesse Atalante au courage m'excite,
Il faut qu'en la servant, tous malheurs ie despite,
Son idee sans fin se vient opposer
A mes yeux, & d'amour mon cœur vient inciter:
Il m'appelle timide & vuide de courage,
Me reproche d'auoir Clothon sur le visage
Que Mars ne s'y voit plus, qu'il en est deslogé,
Bref que Meleager est tout en tout changé.
Or belle vous croyez que ma grande souffrance
Aura fait submerger au fleuue d'oubliance
Les Cyprines ardeurs, ie vous le monstreray,
Abandonnant ce lieu, & vous visiteray.
O dieux quel est ce mal trop cruel & rebelle,
Quel est ce mal qui fait que tout mon corps chancelle,
Que mes tendons n'ont plus leur estre & leur pouuoir,
Que mes pieds comme morts sont ici sans mouuoir?
Auez vous decreté, ô deitez celestes,
Que l'on face auiourd'huy mes appareils funestes?
Auez vous decreté que les brandons mortels,
Me facent visiter de Pluton les autels?
Est-ce vostre vouloir que l'Achesis butine
Le cœur que ie gardois pour ma chaste diuine?
Est-ce vostre vouloir que i'espouse vn tumbeau,
Et qu'il serre dans soy mon age le plus beau?
Il le dois croire ainsi puissances souueraines,
Ie le dois croire ainsi endurant tant de peines.
Las! ouy ie le croy, & ne puis reuocquer
L'assaut Atropeen qui me vient attacquer:

Mais

Mais, ô dieux, ô grands dieux faites moy cette grace
Qu'auec le peu de voix qui me reste, ie face
Mes adieux eternels, c'est vn grand creuecœur
Que les sanglots premiers encore dans mon cœur
Soyent pour mon geniteur, que chenu i'abandonne,
Qui me deuoit vn iour resigner sa couronne.
A dieu donc Oneus monarque redouté,
A dieu de Calidon le Roy plein de bonté,
Vous esperiez auoir support de ma ieunesse,
Qui vous fera tantost espouser la tristesse.
Ayez ce souuenir que ie suis vostre aisné,
Et que ie ne suis pas à la mort destiné
Pour vous auoir meffait, ains que l'obeïssance
M'a teusiours assisté pour porter reuerence
Aux edits paternels, vous mes freres & sœurs
Conseruez son amour, partagez ses douceurs,
Si mon triste depart dedans le cœur vous touche,
A peine puis ie aussi prononcer de ma bouche
L'a dieu que ie vous dois, & au pays natal.
Helas! si ie mourois d'vn accident fatal,
Comme a esté celuy du genereux Auec
Qui sentit la fureur de la beste chassee,
I'aurois le cœur content, car que m'a profité
Le sacrifice fait, & qu'auoyent merité
Les dieux & leurs autels, par la main de ma mere,
Cela n'a pas noyé ma douleur, ma misere:
Plustost c'est leur arrest pour moy trop rigoureux
Que ie meure en amant, mais amant malheureux.

Malheureux

Malheureux ah! c'ay tort, ah i'ay tort Atalante,
Ce n'est pas ta beauté qui ma douleur enfante,
Plustost vn gauche sort ennemimé de soy
Vent ennuiant mon bien me separer de toy:
Mais face le destin son pouuoir, & sa force,
Le souuenir de toy me seruira d'amorce
A poursuiure au tombeau ces vœux, cette amitié,
Qui ont vni nos cœurs: & puis que la pitié
Des Parques ne peut pas en mon endroit s'estendre,
Et que dans l'Acheron l'heure vient de descendre.
Voy mes cris & sanglots, prends mes derniers à dieux
Qui sont ratifiez du torrent de mes yeux:
A dieu donc bel obiect, le Phare d'Arcadie,
Puis qu'vn destin cruel de toy me congedie,
Ie t'aimois sainctement, belle tu le sçais bien,
Bien heureux seulement d'estre dit ton chien:
A dieu encor vn coup, ô ame de mon ame,
Belle mon tout, mon bien, & mon vnique dame,
Ie meurs en te seruant plein de fidelité,
Ie meurs gardant le bien que i'auois herité.
Oblige moy aussi d'auoir en ta memoire
Celuy qui sur ton cœur auoit graué sa gloire,
Celuy qui auoit mis sa vie entre tes mains,
Celuy qui a occis ses deux oncles germains
A ton occasion, i'aurois l'ame contente,
Si ie pouuois auoir auans cette descente
De ta bouche vn baiser, mais puis qu'il ne se peut
Il faut que i'obeisse à ce que le ciel veut:

Mais

Mais i'auray ce credit de garder ton idee,
Je l'emporte là bas:car il viendra guidée
Mon ame allant subir la dureté des loix
Preparees pour moy,ah!ie n'ay plus de voix,
Le mal me tarauit,& du peu qui me reste
Leuant les yeux vers toy,o Cupidon c'attesse
De n'auoir point rendu tes edits violez,
Mon cœur dans le tumbeau les gardera seellez,
A fin de te monstrer,& à mon Atalante,
Que pour vous obeir,i'ay vne ame constante:
Viens quand il te plaira Clothon auec tes sœurs
Pour me faire gouster vos brandons offenseurs,
Car mon cœur palpitant vous defie ensemble.

Oneus Roy de Calidon.

Quelle plaintifue voix debile, & qui tremble
Se pousse en ce lieu d'où viennent ces accents
Piteux,sanglots & cris en ce lieu tous recents,
Mon palais est rempli de ioye & de liesse,
Tout respire l'honneur,la valeur & prouësse
De mon Meleager,& partant quels debats
Veulent trop importuns enuier les esbats,
Que l'on mene pour luy, il faut que ie le sçache,
Bien & mal tout se sçait,encore qu'on le cache:
Venez donc auec moy, à fin de visiter,
Et sçauoir où ces cris l'on a fait enfanter.
Mais quel est ce seigneur,ie ne sçay s'il repose,
Ou si quelque accident a sa paupiere close:
Regardez le de pres pour me rendre esclaircy

de la Fatale.

De ce doute où ie suis qui me donne souci.
Gentil-homme.
Puis qu'il vous plaist sçauoir au certain la nouuelle,
C'est vostre fils qui est sans mouuoir sa prunelle.
Oneus.
Comment Meleager!
Gentil-homme.
C'est luy mesme, c'est luy.
Oneus.
Helas! regardez bien sans me donner ennuy.
Gentil-homme.
Cela n'est que trop vray.
Oneus.
D'où prouient cet esclandre,
Qui t'a peu mon enfant là bas faire descendre,
Quelle main a esté sur son corps attentee?
D'où prouient ce malheur qui l'a fait esclatter?
Ah! ie le veux sçauoir, à fin que la vengeance
Paye ces meurtriers de leur outrecuidance.
Helas! pour dieu cherchez mon palais, ma cité,
N'espargnez aucun lieu qui ne soit visité,
Pour trouuer ceux qui ont commis cet homicide,
Faisans passer mon fils dans la nef Carontide.
Hé! faut il Calidon que tu nourrisse en toy
Des subiects si cruels s'attacquans à leur Roy?
A mon fils, à mon sang, & à celuy encore
Qui deuoit heriter le sceptre qui m'honore,
Et ma couronne un iour son beau chef guirlander,

Qui

Qui devoit comme moy mes peuples commander.
Faut il, disie, faut il, que ma blanche vieillesse
Sacrifie aniourd'huy son cours à la tristesse,
Et que le desespoir se loge dedans moy,
Afin de me donner pareil manoir qu'à toy,
Qu'à toy Meleager, que ie desire suiure
Au plaisant Acheron, où tu commence à viure:
Donnez moy vn estoc, à fin que du tranchant
Mes ennuis & mes iours d'vn coup s'aille fauchant,
Ie les veux abreger.
Gentil-homme.
Helas triste nouuelle
Qui court par le palais, & les Princes bourrelle,
Plaise aux diuinitez que ce soit vn faux bruict.
Oneus.
O meurtrieres sœurs si vous auez reduit
Ce prince sous vos loix, c'est pour auoir son pere.
Gentil-homme,
L'ornement de la Grece est tombé en misere,
Vn importun malheur ennie le repos
D'Oneus & de nous, & ne sçay quel propos
Ie luy dois adresser, qui sur le champ l'incite
A noyer cet ennuy trop cruel, qui l'assiste,
Car vn homme affligé en soy ne veut loger
Que l'obiect qui a peu son bien aise changer,
Quand on luy dit qu'il faut aux sanglots donner
   calme,
Cela ne l'esmeut point, ains soudent il s'enflame

De

de la Fatale.

De plus en plus aux cris, & c'est ce qui me fait
Craindre de l'aborder.

Oneus.

Dieux helas quel meffait
Ay-ie enuers vous commis pour m'eftre si feueres?

Gentil-homme.

Monarque c'est sur nous que tombent ces miseres,
C'est sur vos citadins, vos vaffaux & subiects:
C'est, dis-ie, c'est pour nous que sont ces durs obiects,
Et nous recognoiffons que nostre forfaiture
Enuers leurs maiestez a donné ouuerture
Au mal qu'ils ont lancé, & partant delaiffez
Ces plainctes & ces cris, & les rendez ceffez:
Nos iours à vn destin sont donnez pour esclaues;
Et doyuens prendre fin dans les noirceurs conclaues,
Plustost Prince, plustost c'est à nous de fremir.

Oneus.

Comment pourrois-ie helas! m'empefcher de gemir?
Ah! mes pauures subiects, cela est impossible:
Car cette affliction est de soy trop terrible
Pour l'oublier ainsi.

Gentil-homme.

Puis que c'est le vouloir
Des moteurs souuerains, que vous sert de douloir?
Il se faut consoler, & prendre patience.

Oneus.

Ils sont cruels d'auoir permis l'adolescence

De

Acte quatriesme

De mon Meleager entrer au monument.

Gentil-homme.
Ne dites pas ainsi, ils sont tout iustement.

Oneus.
Si cela estoit vray l'accident lamentable
Seroit banny de moy, pere trop miserable
Ie croyois que la mort du farouche animal
Eust garenti mes iours de tout encombre & mal:
Mais ie suis bien deceu en ma croyance vaine,
C'estoit l'auant coureur du dueil & de la peine
Qui agite mon cœur en son centre nauré.

Gentil-homme.
Cela depend de vous d'en estre deliuré.

Oneus.
Comment, helas! comment peut il de moy dependre?

Gentil-homme.
Pour ce que vous deuez le mesme sort attendre.

Oneus.
Pleust aux dieux que desia cruel il fust venu!

Gentil-homme.
Ne le desirez pas, soyez plus retenu
En vos tristes accents, & cessez tant de plaintes.

Oneus.
Ie les veux redoubler, & donner des atteintes
D'vn cœur desesperé à mon poil tout blanchi.

Gentil

de la Fatale.

Gentil-homme.
Helas! que faites vous?

Oneus.
Ie me rends affranchi
De supporter iamais le venin de Pandore.

Gentil-homme.
Quoy? d'vn mal voulez vous en faire vn autre es-
clorre?
Voulez vous delaisser vostre peuple orphelin?
He! ne le faites pas, quelque demon malin
Vous incite à cela, pour rendre abastardie
La reputation de vous & vostre vie,
Prince que ferions nous? he! qui nous defendroit?
Vous le voyez Monarque, & sans doubte il faudroit
Quitter le Calidon nos thresors & richesses,
Et chez les estrangers supporter des destresses,
Vagabonds & errans, & partant, & partant
Reiettez cet ennuy qui vous va molestant.
Diane voudroit bien que dans la tumbe noire
Fussent desia vos iours, vostre los, vostre gloire,
Et que de vostre fils, & vous semblablement
On ne fist qu'vn cercueil.

Oneus.
C'est le contentement
Que ie desirerois, faites dieux qu'il arriue,
Et qu'aux paluds mortels Meleager ie suiue.

Gentil-homme.
Le temps n'est pas venu de suiure ces arrests,

Et

Acte quatriesme

Et le ciel les retient dans ses plus grands secrets.
Il vient, Prince, trop tost mesme auant qu'on y pense,
C'est pourquoy il conuient nous prendre patience,
Dans le manoir Royal allons nous retirer
Pendant que l'on fera le conuoy preparer
Que ce Prince merite.

                Oneus.

                     Adieu ma geniture,
Souuiens toy de ton pere en la demeure obscure.

ACTE

ACTE CINQVIESME ET DERNIER.
ALTHEE.
VN GENTIL-HOMME.
LES SOEVRS de Meleager.

Althee.

Malheur, malheur, malheur, que tu as assisté
Mon cœur en le faisant serf de la cruauté,
Nul siecle a il iamais produit dessus la terre
Mere pire que moy? non qui le croit, il erre,
I'ay guerroyé mon sang, mais comment guerroyé
Sans trefue & sans repos l'ayant rendu noyé
Au fleuue stigien, fatalle destinee
Qu'au besoing ma raison se soit abandonnee
D'amour & de pitié, & que sans iugement
Miserable ay construit le triste monument
De mon Meleager sur les riues sombreuses,
Que l'on face le blos des meres malheureuses,
Et de celles qui ont tant de crimes commis:
Le mien horreur, le mien sera le premier mis,

G

Acte cinquiesme

Si Progné fut iadis enuers Isis cruelle
Pour le deflorement de sa sœur Philomelle,
Commis par Tereus monarque incestueux,
Elle ne monstra pas vn courroux monstrueux,
Comme moy en vengeant de son espouse l'offense,
En meurtrissans luy qui estoit sa semence:
Mais moy qui n'a iamais receu aucun mesfait
Du monarque Oneus lui iniuste ie ay fait
Sortir le noir venin, qui couuois en mon ame,
Venin pire en fureur que l'infernalle flame,
Pour le faire gouster à mon Meleager,
Et de mes deux germains morts, sur luy me vanger:
Mais toutesfois, ô ciel benin lui me supporte,
Comme approuuans ie croy mon delit, & ma faute,
Vous tonnerres grondans, qui auez saccagé
Les geants qui auoyent les haults dieux outragé,
N'esclaiterez vous point monstrant vostre iustice,
Pour punir iustement mon detestable vice
Deuant vos yeux commis: ie croy que non les dieux
Sont trop lents pour punir mon forfait odieux,
Et ie croy qu'il n'y a dans les enfers supplice,
Qui puisse guerdonner ce qu'a fait ma malice
Le cœur de Titius sans tresue deschiré,
Et de Tantale encor le desir alteré
Sisiphe auec son faix & le sort des Beclides,
Qui desirent tarir les grands paluds humides
Sont peu s'il faut peser ce que ie dois souffrir:

Mais

de la Fatale.

Mais ne seray-ie pas resoluë d'offrir
Mon corps, pour supporter l'arrest que Rhadamante
Donnera pour punir ma lascheté meschante?
Ouy, ie le feray, & de ma propre main
Ie perceray le cœur barbare & inhumain
De mon gauche costé, & pour le pouvoir faire,
Viens m'aider s'il te plaist, ô cruelle Megere,
I'ay besoin de ton bras, ie conuiant icy
Non toy, mais ta Clothon, & Thisiphone aussi,
Pour tesmoigner comment: mais à tard ie regrette
D'auoir mis mon aisné dans la tumbe funeste.
Quoy! ne venez vous pas? ah! non ie voy bien
Que mes cris forcenez ne seruiront de rien,
Vous me voulez fermer des enfers le passage,
Vous auez en horreur l'obiect de mon visage,
Vous fremissez de peur que i'aille visiter
Le champ Elyseen, & ses biens heriter.
Helas ne craignez point, ce que i'ay de colere
Ne sera que pour moy, & finir ma misere,
Misere qui contraint mon ame à la fureur,
Fureur dont le futur aura tousiours horreur:
Pourquoy retenez vous ô ciel vostre puissance,
Vous autres infernaulx, helas! que ma souffranse
Ne vous facent pas sourds aux cris desesperez
Que de mon estomach à coup i'ay deserrez.
Or puis que c'est en vain que ie vous importune
Il faut parachever de combler d'infortune

G 2

Le regne d'Oneus, sus sus donc bras nerueux
Fais deualer mon corps dans les antres larueux
Prends ce glaiue pointu, il sera fauorable
Pour me faire quitter cet estat deplorable,
Où i'ay mis Calidon, & d'vn coup furieux
M'enuoyer visiter le lieu delicieux
Où sont mes alliez, mais mon delit demande
Que i'aille chez Minos de mon corps faire offrande,
Cœur bouffi, cœur cruel, autheur de mes fleaux,
Pour noyer mon esmoy i'ouuriray tes vaisseaux.

Vn Gentil-homme.

A l'aide helas, helas! la Roine de furie
Se donnant d'vne dague à sa vie perie,
O dieux il est bien vray que iamais il ne vient
Vn malheur qui soit seul, ains vn autre suruient:
Meleager est mort par la main de sa mere,
Puis d'elle mesme en fin la voici meurtriere.
He! que puisse le ciel delaisser son courroux,
Retirans les fleaux qu'il deceche sur nous,
Il ne s'est iamais veu esclandre si terrible,
Comme nous le souffrons, mesme vn dueil si penible:
Car le prince Oneus se tourmente si fort
Pour son fils, que iamais on n'a veu tel effort,
Mais ce sera bien pis quand il verra sa femme
Auoir coupé ses iours d'vne mortelle lame,
I'apprehende des-ia qu'il sçache l'action,
Car cela le feroit mourir d'affliction:

de la Fatale.

Il conuiendra tenir au palais cette Roine,
Morte en vn cabinet sans surcharger la peine
Qu'il a desia en soy: car ainsi le faisant
Le temps ira ses cris peu à peu appaisant,
Ie veux donc l'emporter.
   La premiere sœur.
     O pauure, pauure empire,
Dont le regne souloit sur tous autres reluire,
Que tu as bien changé l'estat où tu estois,
L'honneur, le prix, le los, que iadis tu portois,
Tu estois la terreur des nations estranges,
Parnasse ne chantoit que pour toy des louanges
Soit dedans l'Orient, vers le Septentrion,
Au Midy, au Couchant, bref toute nation
Appelloit Calidon l'ornement de la Grece.
He! ne le chantez plus, ô vierges de Permesse,
Cernez vostre Helicon, arrestez le ruisseau
Que Pegase enfanta sur ce tant sainct coupeau,
Changez, halas! changez les motets pleins de gloire
Que vous auez iadis chantez en sa memoire,
Calidon n'est plus soy, son estat ennobli
Est presque submergé au fleuue de l'oubli.
Pauure empire qu'as tu: helas! il ne te reste
Que corps morts, que tumbeaux, qu'vn accident fu-
 neste,
Pire cent & cent fois que cet vnguent charmé
Par Pandore basti dans l'enfer allarmé,
Vous le voyez ma sœur.

      G.

La seconde sœur.

C'est une destinee
Dont la fatalité estoit determinee
Au cabinet des Dieux.

La premiere sœur.

Son cours est bien amer.

La seconde sœur.

Tout ce que nous pouuons est de nous conformer
A ce que veut le ciel contre son influence,
Inutile & sans fruict seroit la resistance.

La premiere sœur.

Ma sœur il ne peut pas faire cesser nos pleurs.

La seconde sœur.

Ils nous peuuent combler de plus fortes douleurs,
Ie sçay ma sœur, ie sçay, cela est veritable,
Que nostre affliction est bien insupportable:
Mais voulez vous aller contre la volonté
De ceux qui ont ces pleurs pour nos yeux appresté.
Nostre frere est gisant dedans la tumbe froide,
Et pour l'en retirer il n'est point de remede.

La premiere sœur.

Ie me consoleray en l'allant visiter.

La seconde sœur.

Mais vous serez plustost forcée à lamenter.

La

de la Fatale.

La premiere sœur.
Cela se passera quand i'auray veu sa face.

La seconde sœur.
Ie crains que non, ma sœur ; car le dueil ne s'efface
Lors que l'obiect paroist.

La premiere sœur.
Cessez moy ce discours,
Et laissez achever le charitable cours
Dedans moy entrepris, l'amour vers nostre frere
Vous doit ainsi que moy inciter à ce faire.

La seconde sœur.
Puis que cela vous plaist, allons ensemblement
Arrouser de nos pleurs son corps, son monument,
Et le ciel nous assiste en cette action saincte.

La premiere sœur.
C'est à ce coup qu'il faut rendre nostre ame atteinte
De souspirs & sanglots, car desia i'apperçoy
Le cercueil ombrage, qui enclost dedans soy
Nostre affable germain.

La seconde sœur.
Cette recût mesme.

La premiere sœur.
Et quoy? n'estes vous pas encore resoluë?
Helas! n'ayez point au cœur tant de timidité,
Mais qu'il brusle plustost pour la fraternité :
Que cerches-tu en toy, ô maison funeraire?

As-tu bien cet orgueil d'emprisonner mon frere?
O sepulchre responds.

La seconde sœur.

C'est inutilement
Que vous importunez ce sombre bastiment,
Car il n'a point de voix, plustost chere fidelle
Adressez vos accents à la parque cruelle.

La premiere sœur.

Pourquoy, helas, pourquoy meurtriere Atropos
As-tu auant le temps mis ce prince en repos,
Sans porter nul respect à son sang son ieune age,
A ses perfections son merite & courage?
Que t'auoit il mesfait pour gouster ton poison,
Et de passer si tost en ta noire maison?
Il n'auoit point de coulpe, ains comme debonnaire
Dans tout ce globe rond se parsemoit sa gloire.
Tu as tort, tu as tort, & ton insect fuseau
Ne deuoit deuider si tost ce iouuenceau,
Mais tu ne me dis rien.

La seconde sœur.

Elle est pleine de feinte
A ouyr vos sanglots, vos douleurs, vostre plainte,
Tout luy est tributaire, & faut que par sa main
Aux riues d'Acheron deuale tout humain.

La premiere sœur.

J'auray donc mon recours à l'ombre fraternelle,

Qui

de la Fatale.

Qui sera plus humaine, & non pas tant rebelle
A entendre ma voix, frere voicy ta sœur,
A qui tu departois les fruicts de ta douceur:
Ie te viens supplier par mes pleurs, par mes larmes
Me declarer pourquoy les mortelles allarmes
Ont attenté sur toy, & par quel accident
Au plus beau de tes iours ie te voy resident
En ce tumbeau marbrin, helas! ie t'y conuie
Par nostre sainct amour, par ce que i'ay de vie.
Si cela n'est assez, mes yeux enfanteront
Deux torrents larmoyeux, lesquels t'inciteront
Tes leures à s'ouurir, he quoy? he quoy? mon frere:
Te seras-tu rendu dans les vrnes seuere
Sans me vouloir parler? as tu sacrifié
Dans l'oubli l'amitié, où mon cœur s'est fié?
As-tu changé là bas ton ame officieuse
Pour la monstrer ainsi ingratte & paresseuse
Vers le sang de ton sang? las fais que tes poulmons
Soyent enflez à mes cris, puis que ie te simonds.

La seconde sœur.

Ceux qui vont visiter de Caron les lisieres
Ne font aucun estat de toutes les prieres
Qu'on leur fait, car ils ont leur naturel quitté.

La premiere sœur.

Ce changement de soy est plein d'iniquité.

La seconde sœur.

Ils sont subiects aux loix des forces infernalles:

G 5

La premiere sœur.

Ces loix ne rendent pas les ames desloyalles,
Et sans pouvoir parler: car s'il estoit ainsi
Nous serions le butin d'un destin sans merci.

La seconde sœur.

L'on ne revient iamais de la demeure noire.

La premier sœur.

Vrayement ie le sçay, mais pourtant il faut croire
Que l'amour se maintient apres le dur trespas,
Comme il faisoit devant, & des mesmes appasts,
Lors qu'il est bien fondé iamais il ne decline:
Mais puis que nostre aisné à mes cris ne s'encline,
Pussez luy vos accents, peut estre qu'il sera
Plus zelé envers vous, & qu'il vous parlera.

La seconde sœur.

Que i'aye ce credit, ô royalle semence,
D'avoir plus que ma sœur envers toy de creance,
Que nos humides pleurs, & nos tristes sanglots
Facent sortir la voix du sejour qui t'enclost.
Si iamais tu as fait en nostre endroit paroistre
Que tu nous cherissois lors que tu soulois estre
En ce monde vivant, las fay nous ce plaisir
De te monstrer affable envers nostre desir,
Pour moy ie t'y coniure avec ardeur extreme.

La premiere sœur.

Le semblable ie fay sur son visage blesme,
Visage auquel ie veux donner un doux baiser,
Non un, mais plustost cent avant que l'exposer

A la

A la dure merci du feu qui tout confume,
Puis qu'enuers les parents telle est nostre coustume.
La seconde sœur.
Nous ne profitons rien, ma sœur vous le voyez,
En vain nous luy auons nos accents enuoyez
Pour l'office dernier que nous deuons luy rendre,
Faisons brusler son corps, & puis mettons la cendre
Au creux de nostre sein, cela fait nous irons
Dans le palais ensemble, & la consolerons
Nostre pere Oneus chargé en son vieil age
De nostre mal commun.
La premiere sœur.
Voici le dernier gage
Que ie conserueray en memoire de toy
Dessus mon estomach.
La seconde sœur.
Le surplus est pour mey
Attendant que là bas mon ame te visite,
Et si tu es en paix au lieu où tu habite,
Le temps qui faulche tout me fauorisera
Venant mes derniers iours, & m'y deualera,
Auant que de partir il faut que ie t'embrasse
De grande affection, & de plus que ie face
De ce burin ton nom sur ce marbre endurci,
Et le fruict qu'Apollon y a voüé aussi:
C'est vn quatrain funebre où ce prince de Dele
Par tout le globe rend ta gloire immortelle,

Acte cinquiesme
Quatrain.

Meleager n'est point au rang des morts passé,
La Parque sans pouuoir est contre tel Alcide,
Althee se rendant de son fils homicide,
Elle a de ses vertus fait vn bloc amassé.

F I N.

LES

LES VRNES
VIVANTES OV
LES AMOVRS DE
PHELIDON ET
Polibelle.

Tragipaſtoralle.

A *MONSIEVR* de Ionſac Gentil-homme ordinaire de la maiſon du Roy.

VOVS ſçauez que les cauſes produiſent les effects, & que les plus violents arriuent ſouuent lors que le petit Cithere darde la poictrine de ceux qu'il cognoit capables pour eſpouſer

ler ses flames, voyez le, s'il vous plait, en cette Tragi pastoralle que ie vous presente, laquelle ie nomme les Vrnes viuantes, où les amours de Phelidon & Polibelle, amours toutes accompagnees de constance : car l'vn & l'autre se voulans accuser de desloyauté & perfidie se trouuent en vn mesme tumbeau, où tombez d'vn sort cruellement cruel ils ne se veulent iamais separer, roceuez ce petit essay mien auec pareille affection que ie le desire eourle sous vostre aueu par toute la Monarchie Fraçoise & me conseruez vostre amitié, puis que ie suis,

MONSEIGNEUR,

Vostre tres-humble, tres-obeissant, & tres-fidelle seruiteur,

BOISSI

LES ACTEVRS.

Phelidon,
Roferin,
Polibelle,
Cupidon,
Lilinne,
Oditleur,
Alcione,
Bonicel,
Pangionne.

ACTE PREMIER.

PHELIDON,
ROSERIN,
POLIBELLE,
CVPIDON,
LILINNE,
ODIFLEVR.

Phelidon commence.

Sire Titanien courrier de l'vniuers
Les poles visitant par mouuemens diuers
Tu resiouis mon cœur, mon esprit & mõ ame,
Qui consument leurs iours dans l'amoureuse flame,
L'aurore du matin deuançant ta clarté
Gracieuse à mes yeux ce matin a esté,
Si bien que dessillant du sommeil ma paupiere
I'ay ressenti dans moy la saison prinianiere
Fauoriser mes pas sous le ioug deux amer
De cet enfant voilé, qui force tout d'aimer.
Mais quoy? ce n'est pas tout, ô bel astre du monde,
Mon aise passe ainsi que ton isnelle ronde,
Vbire plus promptement: car ce fils de Cypris

Tousiours

de Phelidon & Polibelle. 147

Tousiours de plus en plus en ses rets me tient pris:
Ie n'ay aucun repos sinon quand tu commence
De tes frisez rayons nous donner iouyssance.
Les gesnes, les tourments, qui talonnent mes pas
Cependant que tu cours poursuyuent mon trespas,
Ayant paracheué ta course iournaliere,
La nuict se monstre encor plus grande meurtriere,
Mon esprit vagabond dans les peines d'amour
Ne reçoit aucun bien, soit de nuit, soit de iour,
Tellement qu'il me faut le desespoir attendre,
Et pour finir mon mal à la mort ie dois tendre.
O amour, ô amour si tu as decreté
Que ie meure seruant vne grande beauté,
Ie le veux, ie suis prest, vienne la noire Parque
Pour me faire passer le Carontide barque,
Ie l'attends de pied coy.

   Rosetin.
      Pan. tere n'as-tu pas
En ton vaisseau infect quelque mortel appas,
Qui me puisse enuoyer au Letheen rinage,
Pour finir mon esmoy, & terminer la rage
Des violents efforts que ie souffre en mon cœur,
Et que constant en fin ie sois trouué vainqueur
Des fidelles amans, bergere trop cruelle,
Cruelle ie me trompe, vne nymphe si belle
Ne peut auoir le cœur d'vn Ours Hircanien.
Mais quel est ce berger? sa face monstre bien
qu'il est passionné, ou que quelque infortune.
       Dardane.

Dardant ses maux sur luy vient voir sa fin nocturne,
Ie le veux aborder, Dieu vous garde berger.
Phelidon.
Vrayement ie le suis, mais berger passager,
Berger rempli d'ennuis, berger plein de tristesse,
Supportant la rigueur d'vne fiere maistresse.
La roüe d'Ixion auec ses tournemens
N'a iamais produit mal pareil à mes tourmens,
Le Tantale alteré auec toutes ses peines
N'aiant point ressenti les ardeurs Paphiennes,
Ne se peut pas vanter de ses afflictions.
Roserin.
Helas! mon grand ami, puis que tes actions
Deriuent de l'amour nous courons mesme lices.
Phelidon.
Puissent donc tous les dieux vers nous estre propices,
Soit en amolissant les cœurs diamantins
De nos belles, ou bien finissant nos destins:
Mais berger dites moy d'où est vostre naissance.
Roserin.
La Beausse ou Ceres choisit sa demeurance,
A nourry mon printemps dedans les champs fertils
Sans auoir nul soucy des ornemens ciuils,
Ains viuant simplement comme pasteur champestre,
En toute gayeté voyant mon troupeau paistre:
Car ainsi que l'on void le Lierre verdissant
Tournoyer vn orneau & tout en tout croissant
Ses plis & ses replis pour celer son branchage

de Phelidon & Polibelle

aux ages de l'ormeau, tout de mesme mon aage
Adioustant iour sur iour, an sur an, mois sur mois,
A la destinee est en dedans le Vinarois
Trop fatalle pour moy, ie ne la puis pas dire,
Car son seul souuenir le parler me retire,
Et toy gentil berger doux, courtois, gracieux
Quel lieu t'a peu nourrir ie suis fort curieux
De le sçauoir au vray.

Phelidon.

Puis que l'heure opportune
Le veut, tu le sçauras auec mon infortune :
Mais auant que d'entrer en ces tristes propos
Seons nous, s'il te plaist, pour prendre du repos,
Mettons nos flageollets, vannetiere & houlette
Reposer comme nous dessus cette herbe verte,
Et si tu as ici apporté quelque fruict
Du fromage affiné, ou du pain tout frais cuit,
Goustons ensemblement pour prendre nourriture,
Puis apres de pitié esponser la pasture.

Roserin.

Ie le veux mon amy pour suiure ton desir.

Phelidon.

En te voyant berger ie sens mon cœur saisir
De sanglots endurcis, voire encore mon ame,
Si bien que ie voudrois que la mortelle lame
Eust abregé mes iours : car iamais passion
Ne se trouua pareille à mon affliction.
Ie suis tout hors de moy, mon esprit qui chancelle

Soit

Acte premier

Soit deçà, soit de là, sans nulle tresue appelle
Atropos à secours, mais elle ne veut pas
Auoir pitié de moy me donnant le trespas:
Le soleil nous monstrant sa criniere dorée
A ia tourné deux ans la grand boule azurée
Que ie languis chetif au feu Cyprinien
Sans y auoir repos.

Roserin.

Las! mon malheur est tien,
Et nos maux sont esgaux, ainsi berger fidelle
Rien ne les peut finir que la Parque mortelle.

Phelidon.

Helas! c'est mon desir.   Echo

Roserin.

C'est le but où ie cours.   cours

Phelidon.

Nos douleurs ne sont pas moindres pour nos dis-
     cours: cours
Mais quelle est cette voix qui respond pitoyable?
                                       (pitoyable
Est-ce toy belle Echo à mon cry fauorable? (fauorable

Roserin.

Helas! quelle faueur estant au desespoir,   (espoir
Cela est temps perdu, & puis pour esmouuoir
Ma bergere à pitié c'est chose peu facile: (facile
Facile, & comment ma plainte est inutille.   (vtille
En plorant suis ie seur de posseder son cœur (son cœur
                                        Plorez.

Plorez mes yeux, afin que ie sois le vainqueur,
(vainqueur

Phelidon.

Deesse, m'i parlant tu vois ie que i'endure: (Endure
Las! i'endure beaucoup, mais ma peine est bien dure,
(dure
Ie ne puis plus durer sans mort ou sans secours,
(cours
Ces deux extremitez ie cherche pour recours (Recours
A qui nymphe des bois auray ie ma retraite?
(retraite
A celle que ie veux cherir d'amour parfaite.
(parfaite

Helas! ie le feray pour suiure ton lent son,
Et si ie suis aimé pris dans ton hameçon
Ie te sacrifieray vn bel agneau qui tette,
Le premier qu'a produit ma troupe camusette
Il sera couronné d'vn chapeau diapré
Que ie viendray choisir dans l'esmail de ce pré.
Feras tu pas ainsi Roserin tant aimable?

Roserin.

Pour n'estre pas ingrat ie feray le semblable:
Mais c'est trop demeurer, allons ensemblement
Nos nymphettes trouuer.

Polibelle.

O que le nom d'amant
Est rempli de douceur! ce nom doux & suaue
Met les hommes & dieux au Cithere conclaue.

Iupiter

Acte premier

Iupiter eut il pas Calisto en aimant
De Diane ayant pris le trompeur vestement:
Le mesme Iupiter par la puissance sienne
En vache il trans-forma la fille Inachenne,
Dont il auoit le cœur grandement transpercé.
Mercure aima beaucoup l'Athenienne Hersé,
Et le dieu Apollon bruslant d'amour extreme,
Cherit il pas Daphné? bref les autres de mesme
Ont ployé soubs les loix du petit Paphien.
Cela ne suffit pas, ie veux monstrer combien
Les humains ont senti sur la terre moiteuse
Les esclandres que fait sentir vne amoureuse.
Celuy qui conquesta la doree toison
Fut il pas amoureux en sa ieune saison?
Medee en fera foy dont l'odeur charmeresse
Fit retourner Eson en sa prime ieunesse:
Cet excellent Paris dans l'amour consumoit
Attendant le iouyr d'Helene qu'il aimoit:
Mais ce discours est vain, puis que tout fait hommage
Au petit Cupidon ses feux & son cordage.
L'on chante bien souuent l'amour des caualiers,
Mais nous les surpassons dans nos bois, nos haliers,
Nostre habit de bureau couure de belles flames,
Qui ne cedent en rien à celles qu'ont les Dames:
Le veloux, le satin & le clinquant doré
Ne rend pas Cupidon des grands mieux adoré.
Ji n'est rien de plus beau que les amours eslues
Par les gentils bergers dans leurs grottes moussues,

de Phelidon & Polibelle. 153

Si les dames de cour ont des inuentions
Pour monstrer leur ardeur, certes nos passions
Trouuent mille moyens pour monstrer nos flameches
Enuers les pastoureaux qui font à nos cœurs bresches.
Pour moy ie ne puis pas voiler d'un feint bandeau
L'▓▓▓ que ie nourris pour vn gay pastoureau.
▓▓ cher Phelidon qui a l'ame si belle,
▓▓ ne l'aimois, ie serois trop cruelle,
▓▓chant qu'il m'aime aussi, & que tout son desir
Est que le Dieu Hymen comble nostre plaisir.
Mais ie croy qu'il est la : ha! vrayment c'est mon
 braue,
Vn grand contentement dedans mon cœur se graue,
Et le ciel m'aime bien de l'amener ici
Pour nourrir nos amours.
    Phelidon.
        Si le cœur endurci
De la nymphe aux beaux yeux que i'adore en mon
 ame
Ne me veut appliquer le souuerain dictame
Qu'espere vn pauure amant, bien tost le noir trespas
Talonnera mes iours, mes heures & mes pas.
He voici mon soleil, voici mon esperance,
Voici le beau subject qui me donne souffrance,
Il faut m'en approcher pour demander secours,
Et prendre, s'il luy plaist, quelques erres d'amours,
Astre que ie cheris permets que ie te baise.
          Polibelle.

Acte premier
Polibelle.

Ie le veux, car ie croy que l'amoureuse braise,
Et l'honneur qui vous suit remplis d'affection
Ne requierent cela qu'à bonne intention.

Phelidon.

Le ciel m'en est tesmoing, & plustost ma poitrine
Recepuroit d'vn poignard la blesseure sangu[ine]
Que mon amour se vit abandonner l'obiect,
Ou il veut demeurer comme esclaue & subiect.
Ma Roine tu le sçais, sans parler d'auantage,
C'est ta seule beauté qui me tient en seruage,
Ie tiens ton cœur pour Roy, & le veux adorer,
Et iusques à ma fin ton merite honorer,
Mon bien consiste en toy, mon espoir, ma constance,
Mes peines, mes trauaux, & ma perseuerance
Viennent t'offrir leurs vœux, bref voici Phelidon
Qui fleschit sous tes loix & du Dieu Cupidon:
Si tu me veux iuger en cela, temeraire,
Les ardeurs que ie sens me forcent à ce faire,
Amolis donc ton cœur.

Polibelle.

Tant de submissions
Que me faites ici, & tant d'affections
Que vous dites porter, auroyent assez de force
Pour esmouuoir vn roc à la Cyprine amorce:
Mais, ô beau Phelidon, on ne voit rien qui soit
Solide en vn amant, tousiours on apperceoit
Les plus passionnez, ou feignant le martyre
Changer,

de Phelidon & Polibelle.

Changer, puis aux despens des pauures filles rire,
Ie sçay que des bergers les rustiques amours
Auec la fermeté se pratiquent tousiours.
Nostre prouerbe vieil dit chose manifeste,
Pour gaster vn troupeau qu'il ne faut qu'vne beste:
Nous l'experimentons, c'est ce qui me fait peur
De donner trop soudain à vn berger trompeur
Le gage de ma foy.

    Phelidon.

      I'apprenue cette crainte,
Et deuez voir aussi sur mon visage peinte
Mes feux & mes desirs.

    Polibelle.

      La cognoissance peut
Inciter vn amant à faire ce qu'il veut.

    Phelidon.

Me cognoissez vous pas?

    Polibelle.

      Ouy plein de merite
Qui vous deuroit pousser à faire vne autre eslite.

    Phelidon.

Vous me voulez flatter pour croistre mon tourment.

    Polibelle.

Ie respire en mon cœur vostre consentement.

    Phelidon.

Si cela est ainsi vous prolongez ma vie,
Qui ne pouuoit tarder de paroistre perie,
Donnez moy vostre amour, ie seray vostre amant.

H

Polibelle.

J'ay demeuré icy vn peu trop longuement,
Il faut nous separer, & m'en aller en haste,
Craignant que quelque loup vn mouton ne me gaste:
A dieu iusqu'à ce soir mon petit foleton.

Phelidon.

Ma Polibelle adieu, ma nymphe, mon teton,
Escoutez ie vous veux dire vn mot en l'oreille.

Polibelle.

Et quoy?

Phelidon.

Je veux baiser vostre bouche vermeille.

Polibelle.

S'il n'y a que cela ce sera bien tost fait.

Phelidon.

Si nous ne faisons bien ce sera vn refait:
Puis que le ciel benin tant de faueur me donne
D'auoir gaigné le cœur de ma chere mignonne.
Mon bien est infini, & me puis bien vanter
Que dans tout l'vniuers on ne peut conquester
Thresor si precieux, quoy qu'elle soit bergere,
Elle se peut nommer des beautez la premiere.
O petit archerot monarque des amans
Ie rendray tes autels de bons odeurs fumans.
Pour te remercier, puis que tant debonnaire
A mon amour tu as fait fleschir ma bergere,
Si ie te pouuois voir maintenant en ce lieu,
Ie te recognoistrois des Dieux le prime Dieu,
Fleschissant le genouil deuant toy que i'adore

de Phelidon & Polibelle.

Cupidon.
Quel desir en ton cœur berger veux tu encore?
Phelidon.
Voir vostre estre divin.
Cupidon.
Tu es trop effronté.
Phelidon.
Helas! pardonnez-moy.
Cupidon.
Mon pouvoir t'a dompté,
Mais par trop curieux il faudra que tu sente
De plusfort mon brandon, & sa peine cuisante.
Phelidon.
De tes feux Paphiens ie suis ia tout couuert.
Cupidon.
Tu souffriras bien plus.
Phelidon. Voila mon sein ouuert.
Cupidon.
Escoute mon arrest : car ie veux, ie decrette
Que sur toy Phelidon on puisse voir portraite
L'ardeur d'vn cœur subiet à ma grand deité.
Phelidon.
Ie desire encor plus que vostre volonté.
Cupidon.
Que veux tu requerir?
Phelidon.
Vostre doree flesche
Face dedans mon cœur vne nouuelle bresche :

H 2

Car s'il faut batailler i'ay cette ambition
De vaincre, ou de mourir auec l'affliction.

Cupidon.

Elle te bruslera cette pointe aceree,
Mais puis qu'auec ardeur tu l'as tant desiree,
Ie voy percer ton cœur.

Phelidon.

O gouuerneur des Cieux
Prenez pitié de moy amant ambitieux,
Amant infortuné, amant trop temeraire,
Qui merite cent fois qu'on luy soit plus seuere,
Qu'à un Eritsichton sacrilege affamé,
Comme Icare ie suis de paroistre enflamé,
Il vouloit, arrogant, auec vn feint plumage
Du prince des flambeaux visiter l'heritage.
He que i'ay bien fait pis d'ardente affection
Pour celle dont i'ay fait entiere election,
En desirant plus fort sentir dedans mon ame
Du feu des amoureux vne seconde flame,
Ie la sens, ie la sens, ô pauure Phelidon,
Tu sens ce que t'a dit ton Prince Cupidon:
Il ne te reste plus que la parole lente,
Que dedans l'Acheron tu ne face descente.
O fidelles bergers venez à mon secours,
Toy Polibelle aussi, comme dernier recours
Implore ta pitié à m'estre fauorable.

Libinne.

D'où procede ce cri, il est bien lamentable,

O pan

de Phelidon & Polibelle.

O pauure Phelidon, qui te detient ainsi.
Phelidon.
Helas vous le voiez c'est l'amoureux souci,
Ma curiosité & ma raison peu sage
Sont cause que ie suis en ce triste equipage,
Comme desesperé ie cherche le tombeau,
Et il suit mon desir.
Lilinne.
            Tout beau berger, tout beau
Quittez ce desespoir, & prenez nourriture
Des mets que fait gouster l'amoureuse aduenture:
Le languir en est vn, le second la prison,
Mais ces deux n'ont leur cours que pour vne saison,
Si vous estes captif seruant vne maistresse
Elle s'amolira, voyant vostre distresse,
Apres auoir langui il se faut resiouir,
Quand desirant vn bien on vient à en iouir,
Vous despitez le ciel ainsi comme volage,
Et n'auez point de cœur, encor moins de courage.
Phelidon.
He Lilinne m'amour il ne me reste rien
Que la constance au cœur.
Odifleur.
            C'est vostre plus grand bien,
Car vn lien d'amour muni de patience
Entretenant ses vœux par la perseuerance
Merite allegement les prieres, les pleurs
Tire d'vn cœur constant appaisent les rigueurs

De ceux que l'on cherit qu'on careſſe, qu'on aime:
Et font à vn amant porter le diadeſme,
Vous aurez ce bien là.
                    Phelidon.
                        Puiſſe ainſi aduenir,
Afin que mes malheurs ie voye toſt finir
Suiuant voſtre conſeil, mes amis ie veux viure,
Et pluſtoſt l'on verra les poiſſons l'aigle ſuiure
Que ie manque au deuoir, où ie ſuis obligé,
Polibelle m'ayant à l'amour engagé.
                    Odiſſeur.
Sus allons paſtoureau, & quittons ce riuage:
Pour aller viſiter nos beſtes ſur l'herbage,
Prenez la panetiere auec voſtre pipeau,
Lilienne ſon hautbois, & moy mon chalumeau,
Et puis en cheminant vers noſtre troupelette.
Nous chanterons ioyeux vn mot de chanſonnette.
                    Phelidon.
Allons brigade, allons ſans faire autre ſiour,
Et ne quittons iamais la banniere d'amour.

ACTE

ACTE SECOND.

Alcione,
Roserin,
Phelidon,
Polibelle,

Alcione.

Sera-ce pour iamais, ô dieu que la tempeste
Du petit Cupidon tombe dessus ma teste?
He! verra on encor les flesches & les dards
De ce Ciprinien me seruir d'estendards:
Bref verray-ie tousiours mon mal qui recommence,
Et mes fidels desirs n'auoir aucune aduence:
Ouy ils sont sans fin, & mon amour aussi,
Et le fruict que i'en ay c'est vn amer sonci.
O ingrat, ô ingrat! ton ame est inhumaine
De me voir endurer pour toy si grande peine
Sans en auoir pitié, ton cœur est vn rocher,
Vn cœur diamantin, que ie n'ay peu toucher,

H

Tu es plus rigoureux qu'vne beste sauuage,
Qui n'a de la raison l'essence ni l'vsage,
Les veneneux serpens auec leurs aguillons
Mettent dans l'Acheron les iours que nous pillons.
Mes ie ne puis mourir en aucune maniere,
Mes ennuis ont tousiours leur saison coustumiere,
Et toutesfois ingrat desnué de pitié.
Tu n'as aucun souci de ma ferme amitié,
Ton plaisir est de voir la Ciprienne meche
Bourreler Alcionne en son cœur faisant breche.
Ne me meprise pas, le sort est inconstant,
Et croy que tu iras mes malheurs heritant.
Lors que cela sera tu detesteras l'heure
Que ton desdain aura laissé mon amour pure,
Tu n'es pas plus que moy, car tu n'es qu'vn Berger
Apprentif en amour, comme l'on peut iuger.
Ie suis bergere aussi de passion remplie,
Qui ne cheris sinon que pour t'aimer ma vie,
Et tu fuis loing de moy craignant d'ouyr ma voix,
Qu'esmeut à pitié Echo nymphe des bois:
Ou bien bien, Phelidon enuers moy sois seuere,
Fais redoubler mon feu, augmente ma misere,
Cela ne pourra pas ma constance esbranler,
Ains amour sur amour en mon ame mouler:
Mais où peut arriuer la plainte que ie iette,
La peut on pas iuger inutillement faicte.
Tout procure mon bien & mon soulagement,
Et Phelidon est seul qui me donne tourment.

L'on

L'on dit communement un prouerbe & adage,
Qu'aux despens de l'autruy on se doit faire sage.
Le chemin est commun au temple de l'amour,
Mais lors qu'il faut souffrir chacun est pour son tour.
Phelidon tu me vois sous la peine captiue,
Et ce mal bien souuent sans y penser arriue,
Ie souffre maintenant, un iour tu souffriras,
Et lors ie t'aymeray comme aimee m'auras.

Roserin.

Le sort trop impiteux contre moy fais sa force
Amoncelant tousiours amorce sur amorce,
Si bien qu'il n'y a rien sur moy qui n'ait senty
Du petit enfant nud le trix appesanty,
Voire iusqu'à mon cœur, mais il se monstre stable:
Et quoy que palpitant il n'est point variable,
C'est pour une beauté, dont l'obiect à mes yeux
M'a rendu en ce mal penible & soucieux.
Polibelle c'est toy, beau soleil agreable,
Astre net & parfait de chacun souhaitable,
Ce poil frisotenné, ce visage riant,
Cet œil d'esmerillon de son feu attrayant
Sont les inuentions que la mere nature
Nous auoit recelez en son architecture:
Image desiré dedans le firmament,
Et les humains ça bas de ses rais enflamant.
Bergere ouy c'est toy pour qui ie me consume,
Polibelle m'amour dont la beauté m'allume
De mille & mille feux, que l'espoux de Thetis

Auec ſes flots irez ne peut rendre amortis:
Mais pauure Roſerin où eſt ta prenoyance,
Ie crains que ton diſcours aye la muance,
Le ſexe feminin eſt fragille de ſoy,
Et change en vn moment le gage de ſa foy:
Car s'il voit vn amant auiourd'huy à ſa queuë,
Il ne le verra pas demain de bonne veuë,
Arriue, que pourra, ie l'auray, ou la mort.
M'ennoyera paſſer le Caron ide port,
Quand ie deurois auoir contre Iupin querelle,
Autre que moy n'aura la nimphe Polibelle:
I'ay cette ambition, & ie la nourriray,
Qui me contredira mourir ie le feray.

Phelidon.

Verray ie point le iour, le iour tant ſouhaittable,
Qui me fera changer mon eſtat miſerable,
Et ne verray-ie point dans vn ſombre tambeau,
L'ennuy qui tient muet mon tant ioly pipeau
Mon haut bois ne dit rien, ma flute, ma muſette
N'ont de long temps chanté aucune chanſonnette,
Mon troupeau graſſelet la campagne paiſſant
Participe au trauail, où ie ſuis agiſſant:
Mais cela paſſera, car le bon heur proſpere
M'a fait voir ce matin celle que ie reuere,
Elle m'a œilladé d'vn ſoubz-ris gracieux,
I'ay eſté allumé du flambeau de ſes yeux:
Bref elle m'a donné vn baiſer de ſa bouche
Comme fruict primitif de l'enfant qui decoche,

Cla.

d'Alcionne.

Cela m'a tout rauy, cela m'a contenté,
Et à mes deux souspirs du secours apporté
Elle viendra icy ma nymphe, ma imprimee,
Pour unir nos deux cœurs comme le ciel destiné:
Polibelle mon tout vien viste, mon soucy,
Helas! ie suis trop prompt ie te crie mercy,
Vn aimant qui attend est plein d'impatience:
Iusqu'à ce qu'il iouyst de sa belle esperance.

Roserin.

Le discours que i'entends me trouble le cerueau,
Car il n'en faut pas deux apres vn tel morceau:
Que dis tu Phelidon, parlant de Polibelle,
Pour elle ie ressens vne playe mortelle.

Phelidon.

Ie ne sçay qui te fait dire ce propos là.

Roserin.

C'est mon affection qui me pousse à cela.

Phelidon.

Sçais tu pas que ie l'ay pour ma maistresse eslue?

Roserin.

Et toy sçais tu pas bien que sa beauté me tue.

Phelidon.

Mais elle me cherit comme son vray amant.

Roserin.

Et moy en l'aimant trop ie souffre du tourment,
Ouy par trop aimer: car son ingratitude
Voudroit recompenser ma grande seruitude.

Phelidon.

Acte second

Ah! tout beau Roserin tu ne peux trop aimer
Celle pour qui l'amour te peut faire allumer,
Le trop est superflu: mais tu es en colere
De me voir emporter de son cœur la victoire:
Vn amant ne peut pas vn plus grand mal souffrir
Que celuy d'vn riual quand il se vient offrir.

Roserin.

Ie ne suis pas le tien, ains c'est tout au contraire,
Tu t'es rendu le mien, mais par trop volontaire.

Phelidon.

I'en serois bien marry, mais puis que i'ay conquis,
Polibelle, ie veux ce butin tant exquis
Garder, & ie l'auray, sa foy est desia mienne.

Roserin.

Tu l'auras Phelidon, & moy, quoy qu'il aduienne,
Ie veux posseder.

Phelidon.

    Roserin entends moy,
Polibelle ne peut estre à moy & à toy,
I'ay souffert, i'ay pasti, & vescu en seruage
Pour auoir de sa foy tant seulement le gage,
Elle me l'a donné, i'en suis le possesseur,
Et ce matin i'ay pris des douceurs la douceur
Sur ses deux bords pour prins.

Roserin.

    Comment tu l'as baisee.

Phelidon.

Ouy esperant voir ma douleur appaisee.

Roserin.

Roserin.
Tu as trop entrepris sur ce qui estoit mien.
Phelidon.
I'ay sur elle entrepris qui ne te sera rien.
Roserin.
Ie l'auray, ie l'auray en depit de ta teste,
Me falust-il souffrir les tourments d'un Oreste.
Phelidon.
Tu ne l'auras iamais, iamais tu ne l'auras,
Et si tu l'entreprens croy moy que tu mourras :
Car seulement auec ceste arme pastoralle
Ie te feray aller dedans l'orque infernalle,
Où comme corinal on te salariera.
Roserin.
Ie croy que tu seras le premier qui ira,
Et par mon grand dieu Pan il faut que ton audace
T'enuoye chez Pluton luy porter ta carcasse.
Donne ordre à ton apprest, c'est trop parlementé:
Car le glouton Cerbere est desia appresté,
Pour te laisser entrer : mets toy donc en deffense.
Phelidon.
Tu en veux donc auoir, tien voila ie commence,
Ie rends graces aux dieux, qui de moy ont eu soing,
Et qui m'ont assisté quand il estoit besoing:
Ie suis, ie suis vainqueur, i'auray ma Polibelle,
Vainqueur, dis-ie, ie suis triomphant de ma belle,
Pan estoit mon support, Cupidon me guidoit,
Et le triomphe en fin leur bonté me gardoit:

Acte second

Ie iure maintenant les deitez celestes,
Que s'il falloit encor faire d'autres conquestes,
Eust ce contre un Iupin, un dieu encuirassé,
Ie le mettrois à mort le rendant terrassé;
Arriue que pourra, que l'enfer se despite,
Et de tous ses demons il face un exercite:
Ie n'apprehende rien, mon courage est si fort,
Que qui m'attaquera sur l'Acheronte bord
Ira chercher seiour qu'on fuye ma colere;
Quand i'auray dans la main cette arme bergeriere.
Mais qu'est ce que ie voy? bel dieu c'est mon soleil,
Il ne s'est iamais veu astre qui soit pareil:
Dieu te garde m'amour, mon cœur, mon esperance,
Ie t'attendois ma Roine, auec impatience.

Polibelle.

Phelidon Dieu vous garde.

Phelidon.

O! que ie suis rauy.
Voyant tant de beautez brillonner à l'enuy:
O liens doucereux, ô blonde cheuelure,
Tortillons qui passés ce que produit nature,
Seuls vous m'extasiez, & ie puis asseurer
Que vos perfections on ne peut mesurer:
Ce beau front releué, cette ioüe vermeille,
Cette bouche riante, ou la miellense abeille
Trouueroit plus de suc, son nectar ramageant,
Que sur la belle flore, en son habit changeant,
Sont autant de liens, ou mon cœur se destine,

Il veut mourir dedans ma Princesse diuine,
Triomphe donc de moy & de ma liberté.
Polibelle.
Vous auez Phelidon en quelque escole esté,
Où ie croy que lon tient classe de gausserie,
Ce discours là n'est pas discours de bergerie,
Quittez le, s'il vous plaist, sinon ie m'en iray,
Et auec la raison de vous ie me plaindray:
Bergere que ie suis filant ma quenouillette
De la blanche toison de ma trouppe grassette,
Vous ne deuez pourtant de moy ainsi gausser.
Phelidon.
Si ie vous ay iamais en rien peu offencer,
Belle pardonnez moy, l'amour qui me transporte,
Fait que ie vous admire en tout de toute sorte.
Polibelle.
Ie n'ay rien de parfait, que le thresor d'honneur,
Le ciel doux enuers moy en est le seul donneur,
Mon habit de grison fait voir mon heritage,
Mais le plus beau que i'ay c'est mon cher pucelage,
Phelidon.
Son pris est sans estime.
Polibelle.
Il sera sans perir.
Phelidon.
Sous un hymen sacré cela me peut guerir:
Helas donne le moy hostesse de ma vie.

Poli

Acte second.
Polibelle.
Il faut auparauant qu'à mon pere on le dies,
Car ie gouuerneray par luy mes actions.
Phelidon.
L'honneur est le seul but de mes intensions.
Polibelle.
Ie ne puis rien de moy sans l'aide paternelle.
Phelidon.
Vostre pere par moy en sçaura la nouuelle:
Mais vous estes pourtant l'origine premier,
Garrottant mes desirs sans pouuoir deslier,
Vostre cœur est le mien, mon feu est vostre flame,
Et nous auons conioint noz ames en vne ame.
Polibelle.
Cela est Phelidon, il reste de sçauoir
Si celuy qui sur moy a paternel pouuoir,
Voudra auctoriser de nous deux l'alliance,
Sachez sa volonté en toute diligence,
Cependant ie m'en vay faire vn plat de caillé,
Duquel nous gousterons dans ce pré esmaillé.
Phelidon.
Le martyre d'amour à mon vueil se transforme,
Ou bien c'est quelque humeur dãs mõ sãg qui se forme:
Ie ne sçay si ie suis Phelidon le berger,
Courant deça dela pour mon mal alleger,
Ie suis tout estonné, mon pied foible chancelle,

d'Alcione.

Bref quelque gauche sort tout le corps me bourrelle,
Secourez moy, ô dieux, le temps est arriué,
Ou de vie en ce toit ie seray tost priué.

Roserin.

Phelidon i'ay senti le faix de ta houlette,
Mais ie te donneray plus de mal en ta teste,
Tu verras, tu verras venir dessus ton chef
Tout ce qu'vn amoureux peut porter de meschef:
Dors tant que tu voudras ie vay voir Alcione,
Qui pour toy iour & nuict par trop se passionne,
Ie la feray venir pres de toy reposer,
Et par ce moyen-là ie pourray composer
Vn boucon dangereux pour estouffer la flame,
Que Polibelle fait flamboyer en son ame.
He! la voicy venir aussi triste que moy,
Pour ne pouuoir finir son amoureux esmoy:
Ie vay iouer mon ieu, Dieu te garde Alcione.

Alcione.

Et à vous Roserin le ciel bon iour vous donne,
Que faites vous ainsi errant parmy ces bois?

Roserin.

Ie fay beaucoup pour toy, he! si tu le sçauois
Alcione m'amour tu serois diligente
De sçauoir ce qui peut te rendre tost contente,
Quand vne occasion entre suit le desir,
Il faut l'effectuer pour en auoir plaisir:
Tu aime Phelidon, c'est luy que tu adore
Pour luy tu marcherois iusqu'au riuage more,

Il n'a iamais voulu te monstrer vn bon œil,
Ains a reduit tes iours presque dans le cercueil:
Mais le temps est venu bien à propos pour faire
A ton plaisir de luy si tu me daigne croire.

Alcione.

Cela seroit il vray? he! vrayement ie serois
Heureuse en mes amours, & ie publierois
Le ciel en mon endroit de beaucoup plus prospere,
Que n'est pas Phelidon & rebelle & seuere.
Roserin où est-il, dis le moi promptement
Le tarder que tu fais redouble mon tourment.

Roserin.

Que pourray-ie esperer que ce bien fais me rende?

Alcione.

Vn gros & gras mouton conducteur de ma bande,
Et vn ioli cheureau auec vn agnelet,
Qui succens dans le pis de leurs meres le lait.

Roserin.

Viens suy moi pas à pas c'est assez Alcione,
Et allons doucement, craignans qu'il ne s'estonne,
Il est dans la forest sous vn chesne endormi.

Alcione.

Ie le voy mon beland, grand merci mon ami.

Roserin.

Gouuerne tes amours auecques la sagesse,
Car ie t'en ay monstré la plus certaine adresse.

Alcione.

Phelidon seras tu remply de cruauté,
Ton cœur se verra il plein de desloyauté:
Seras tu tant ingrat, seras tu tant volage?
De mespriser l'amour au plus beau de son aage,
Geisneras tu encor ma plus ieune saison,
Ton esprit sera il desnué de raison?
Et bref n'auras tu point pitié d'une Alcione,
Qui brusle dans le feu d'amour qui l'espoinçonne.
Non ie ne le croy pas, tu seras amolly,
Mais que le Morpheen t'ait desensepuely
Du sommeil ocieux, où ton ame repose,
Voyant proche de toy une vermeille rose,
Vn bouton tout nouueau, dont l'estre printanier
Pour t'aimer se voit presque à son iour le dernier,
Te voyant Phelidon dormir en cette sorte,
Ton visage où les traicts sont l'un à l'autre escorte
En leurs perfections, que i'apperçoy encor
Ton beau menton fourchu, où naist un cotton d'or,
Ie sens mon cœur forcé de l'amoureuse braise,
Pour laquelle allentir il faut que ie te baise:
Ce baiser m'a donné quelque peu de plaisir,
Mais mon interieur a vn autre desir,
Ie voudrois t'esueiller pour te le faire entendre
Et la honte me suit qui me le vient defendre.
Ie consomme d'un feu que tu peux appaiser,
Qui ne me laisse pas comme toy reposer,
Ouure moy vistement cette prunelle bleuë
Pour voir celle qui t'aime, & le mal qui la tue,

Pour

Pour luy donner le fruict de sa grande amitié,
Pour amollir ton cœur, pour prendre la pitié
Tu devrois bien sentir de quelle hardiesse
Ma bouche en te baisant sur la tienne se presse:
Mais pour te respecter i'attendray ton resueil,
Apres lequel ie croy que tu feras mon vueil.

F I N.

ACTE

ACTE TROISIESME.

Roserin,
Polibelle,
Bonicel,
Pangionne,
Phelidon,
Alcione,
Lilinne

Roserin.

Polibelle où es-tu, où es tu Polibelle?
Tu as eu dans le cœur vne croyance telle,
Que Phelidõ t'aimoit d'vn amour nõpareil,
Et qui n'aureis iamais pour logis le cercueil:
Tu verras maintenant, ô gentille bergere
Comme son amitié est feinte & passagere.

Polibelle.

Qui m'appelle en ce lieu, Roserin est ce toy?

Roserin.

Ouy certainement, ma bergere, c'est moy.

Polibelle.

A quelle occasion?

Roserin.

Acte second
Roſetin.
Helas! elle eſt eſtrange,
Puis que ſon ſeul penſer fait que ma couleur change,
Il me faſche beaucoup, & c'eſt vn grand tourment,
Que i'en face enuers toy le prime annoncement:
Mais où les actions ſont trop violentees,
Les reſolutions doiuent eſtre apportees,
Ie me reſouls, afin de te reſoudre auſſi
A pouuoir ſupporter le comble de ſoucy.
Polibelle.
Ces propos incertains me donnent grande crainte.
Roſerin.
Voyant ce qui t'aduient i'ay l'ame ſi atteinte,
Que ie ne puis parler d'eſmoy & de douleur.
Polibelle.
Seray ie pour iamais le butin du malheur,
Gardant les functions d'vne conſtante amitié
Roſerin s'il y va de ma mort ou ma vie
Prononce moi l'arreſt ſoit à mal ou à bien,
Et ne le faiſant pas ie ne le croy en rien.
Roſerin.
Si tu voy Alcionne, & celui que tu aime
Bruslez de meſme amour, & pareils en extreme
Ne me croiras tu pas?
Polibelle.
Ah! c'eſt pour me tromper,
Mais tu n'as pas dequoi encore m'attraper:
Car mon beau Pheliden me garde ſa promeſſe,

I

Il ne peut pas auoir vne ame si traistresse,
Vn cœur enuenimé, vn amour inconstant
Des pas dissimulez, les desirs emportant
Ailleurs qu'en mon endroit.
Roserin.
Croy tu la flatterie
Me faire ainsi parler, ou bien par menterie,
Belle consente-toy de ce que ie t'ay dit.
Polibelle.
Tu le fais pour auoir enuers moy du credit.
Roserin.
Me le donneras-tu, pourueu que ton œil veye
Alcione iouyr du doux fruict de sa proye.
Polibelle.
Cela ne fut iamais, & iamais ne sera,
Et plustost en vn stix, mon corps dehalera,
Que d'y adiouster foy, ie ne suis pas volage
Pour me laisser porter à ton pipeur langage
Ainsi que tu voudrois.
Roserin.
Daigne moy obliger
De diuertir le mal qui me peut affliger,
Lors que tu auras veu mon discours variable,
Et Phelidon encor vn amant veritable.
Polibelle.
Ie ne te promets rien sinon quand ie verray
L'effect de ton discours, lors ie satisferay
A ce que tu requiers, fay donc que ie cognoisse

Acte troisiesme

Si Phelidon cherit une autre pour maistresse
Que moy sa Polibelle.

Roserin.

Helas! à mon secours
Bergers accourez tost en vous i'ay mon recours.
Helas! qu'elle pitié, helas! quelle misere
De voir ainsi souffrir une pauure bergere.

Bonicel.

Qu'est cecy Roserin, & d'où est arriué
Le mal, qui de mouuoir cette fille a priué?

Roserin.

Voyant son Phelidon pres un autre bergere
Dormir en ce taillis sur la verte fougere,
Elle a prins ce sincope, & ie crains que ses iours
Arriuent à leur fin pour me gesner tousiours.

Bonicel.

Voila comme l'amour enfante du martyre,
Quand on ne peut auoir l'obiect que l'on desire,
Il la faut secourir de tout nostre pouuoir,
Compagnon rendez luy des bergers le deuoir,
La prenant doucement comme demie morte,
Afin de l'emporter dans la premiere grotte
Que vous pourrez trouuer, quelles extremitez
L'amour va produisant par les fatalitez:
Les uns sont de douceur, les autres d'amertume,
L'un se voit tost perir, l'autre plus fort s'allume.
O le grand creuecœur, ò la grande pitié
Que la mort soit le gain d'une si vine amitié.

Ie

Ie ne me puis tenir voyant ce stratageme
De ietter des souspirs, que ton sort est extreme:
Amour, amour, amour, tu es trop rigoureux
De souffrir tes cliens estre ainsi langoureux,
Tout est subiect à toy, tout te doit rendre hommage,
Et personne ne peut finir ton esclauage.
Roserin.
Le mal-heur a sur moy son venin incité.
Bonicel.
Le sincope berger ta belle a il quitté?
Roserin.
Ouy, mais elle vit d'vne vie dolente,
Car le spasme ayant fait sa force violente,
Elle a ouuert ses yeux seulement à demy,
Comme celuy qui a profondement dormy,
Et profere ces mots, las! c'est son inconstance,
Phelidon qui me fait serue de la souffrance.
Bonicel.
Elle ne mourra pas, puis que la pasmoison
Luy laisse encor voir nostre bel horison:
Ie n'ay iamais senty d'auoir aucune flame,
Mais en voyant ses maux, ie souhaitte en mon ame
La mort finir mes iours, plustost que d'endurer
Vn mal si gangreneux que lon ne peut curer,
Que sert de tant aimer sans iouyr ce qu'on aime
Sinon entretenir sa vie d'vn dilemme?
Et puis venant au but qu'on doit estre contant,
La mort va nostre amour, & noz iours emportant.

I

Acte troisiesme

J'aime mieux tout pauuret mener mes camusettes
Picorer par les champs les tendres herbelettes,
Que de m'assubiettir au dieu Cyprinien,
Et le seruant me voir d'Atropos le clien.
Viue la liberté, arriere le seruage,
Viue d'estre contant en son petit village,
Viue vn gay pastoureau viuant champestrement,
Qui n'a point de soucy d'vn ciuil ornement:
Les riches citadins auec leur grand richesse
N'ont pas tant de plaisir, de ioye & d'alegresse
Que le campin berger, le musc & les odeurs
Dans les louures dorez sont auec les grandeurs,
Et nous autres auons la liuande odorante,
Le romarin, le thin, & l'œillet, & la mente,
Qui ornent noz paslis beaucoup plus à priser,
Que tant d'inuentions seruans à deguiser,
L'artifice diuin passe celuy des hommes,
Nous nous en contentons en l'estat où nous sommes,
Sans flechir sous le ioug du petit Cupidon.

Roserin.

Quand mon forfait sera cognu par Phelidon,
Il sera contre moy esclorre sa furie.

Panstonne.

Comment tu luy as donc fait quelque tromperie.

Roserin.

C'est moy seul qui a fait Alcione venir
Pour du tort qu'il m'a fait à mon gré le punir.

Bonicel.

Ton

Ton cœur est monstrueux d'enfanter ce prodige.
Roserin.
Le tourment eternel qui Promethee afflige
Est trop petit pour moy, ie merite d'auoir
Tous les maux que Minos retient en son pouuoir:
Ie ne pouuois souffrir qu'vn refus honorable,
Ou le contentement de mon vœu amiable
I'ay perdu tout à coup & l'vn & l'autre espoir,
Pour mettre Phelidon & moy au desespoir.
Pangionne.
Si tu as du tourment, ton ame le merite,
Et te repentiras d'vne telle poursuite.
Helas! as tu osé ennier le repos
De celuy que tu veux loger chez Atropos?
Que dira-il pauure abandonnant Morphee,
Alcione voyant pres luy faire trophee,
Chacun te doit hayr, puis que ta lascheté
Crayonne le pourtrait d'vn mal-heur appresté.
O destin que tu es en ton cours variable,
Et ton amour qui rend vn amant miserable.
Pourquoy ne tourne tu quelque fois la pitié
Vers ceux que tu cognois pleins de grande amitié?
Las i'ay le cœur glacé voyant le triste encombre
Appresté pour loger dedans l'infernale umbre
Phelidon le courtois.   Bonicel.
                    Son mal-heur changera,
Et peut estre à la fin content il iouyra
Du subiect qu'il cherit.

I 2

Acte troisiesme

Roscrin.

Ce bien ie luy procure
Abhorrant mon delict avec ma forfaiture.

Pangionne.

Tu n'as pas tousiours eu cette inclination,
Ains nourry dans ton cœur vne autre intention,
Tu te dis son amy maintenant & par force,
Apres que tu luy as fait sentir la secousse
D'vne grand trahison, he! tu as merité
De porter sur ton chef le foudre despité,
Dont Iupiter punit de Pelion l'audace:
Ne cuide pas aussi auoir aucune grace
De ton dire menteur, ains plustost de souffrir
Le malheur que le temps te viendra tost offrir.

Roscrin.

Ie regrette dans moy son mal en sa destresse.

Pangionne.

Si tu n'auois point eu voir ton ame traistresse,
Il serois caresse, honoré, & chery,
Mais il ne sera plus maintenant fauory
Qu'aux champs Eliseens, où sera sa demeure,
S'il te rencontre icy, tu auras mauuaise heure,
Estant bien dangereux, cognoissant ton orgueil:
Que tu ailles là bas de Pluton voir l'escueil:
Retire toy bien tost, car ie crains qu'il arriue,

de Roserin.

Et bouillant de courroux de tes iours il te priue.

Bonicel.

Furie venez tost, venez pour emmener
Ce nilleux cocodril, & là bas le trainer,
Donnez le pour butin à la dent cerberinne,
Ou quelque plus grand mallancez pour la ruyne
De ce mauuais berger tout bouffi de poison,
Ce serpent amphisbain auide de raison.

Pangionne.

Faites luy, faites luy danse aux couleures torses
De vos flambeaux noires secourir les enterses,
Qui cernerent le lit de la pauure Pregné
Espouse à Tereus d'inceste condamné.
Va secourir ailleurs, & prens pour compagnie
Les postillons aislez d'vne Atropos blesmie :
Ce sera le hibou, la huppe, & le corbeau,
Qui te feront honneur entrant dans le tumbeau :
Et si les dieux encor exaucent ma priere
Dans le lethé sera ta demeure derniere.

Roserin.

Est il rien de pareil voir les hommes les dieux
Me priuer à iamais de paroistre à leurs yeux,
Cela seroit-il pas souffisant pour me faire
Tirer l'ame du corps d'vne main sanguinaire,
Tes iours pauure berger, en donne pour butin
A la discretion de l'infernal mastin ?
Ouy cela seroit suffisant & capable

De tirer de mon corps la vie abominable,
Mais il n'est pas besoing d'enfanter du mal-heur,
Il y en a assez, j'ay par trop de douleur.
Il faut, helas! il faut en faire penitence,
Et quitter des bergers l'agreable presence.
Adieu donc pour iamais, ô champestre plaisir,
Puis qu'vn autre seiour il me convient choisir.
Adieu mon chien baillet, mon bissac, ma houlette,
Ma fuste, mon flageol, & ma douce muserte.
Adieu mon gras trouppeau, à dieu gentils bergers
Puissiez vous estre exempts de courir mes dangers:
Mais à dieu Phelidon remply d'amitié grande,
Craintif de t'approcher pardon ie te demande.
Ie t'ay bien offensé, mon crime est infiny,
Mais s'il faut m'absenter comme pauure bany
Apprenne mon depart, ô nymphe Polibelle
Ne monstre pas ton ame estre vne ame cruelle.
Enuers ton Phelidon, vinez ensemblement,
Mais i'iray vagabond suiure mon chastiment.

Phelidon.

Phoeberot m'a tenu assez dedans sa couche,
Le soin de mon troupeau pour le garder me touche:
Mais, ô dieu qu'est cecy, seroit-il bien moyen
Que ma belle ait esté de son cœur gardien?
Ouy certainement, c'est ma douce bergere,
Celle que ie cheris, que i'aime, ie reuere:
Approche toy ma belle, approche ce teton,

de Roserin.

Où ie voy attaché un roserin bouton,
Il faut que ie t'acolle, & puis que ie butine
Vn amoureux baiser sur ta levre pourprine.
Alcione.
Mon cœur voicy le temps que tu dois t'encliner
Vers moy, puis que le ciel l'a voulu destiner:
Tu as tousiours fuy, maintenant il est heure
De cognoistre le feu dedans lequel i'endure.
Phelidon.
Seroit-il bien moyen que ie fusse trompé,
Et que d'un vain espoir i'aye esté attrappé:
Quel gain t'arrivera d'estre ainsi deceuante?
Rien, tu chasse plustost le fruict de ton attante,
Tu as eu un baiser garde le cherement,
Ie ne veux violer le tant sainct iurement,
Que i'ay fait sur l'autel de ce petit monarque,
Qui conduit des amans la flottante barque,
Polibelle est mon tout.
Alcione.
Aye pitié de moy.
Phelidon.
En faisant banqueroute au gage de ma foy
Ie ne le feray pas, mets ailleurs ta fiance.
Alcione.
Helas! fay moy ce bien d'abreger ma souffrance.
Phelidon.
Ie m'en garderay bien, à dieu bergere, à dieu.
Alcione.

Ose tu me laisser en ce sauuage lieu?
Ah! cœur trop inhumain, ame par trop bourrelle
Plus à craindre que n'est la lyonne cruelle,
A qui on a osté le petit lyonceau,
Qui auroit iamais creu vn ieune iouuenceau,
Dont le sang doit bouillir estre froid comme glace,
Et ne rechercher pas la Ciprienne trace.
O ciel, ô terre, ô mer, bref ce qui fait rouler
Les glebes azurez, que Dieu voulut mouler,
Auez vous comploté de reduire Alcione
Au centre des malheurs que son destin ordonne?
Oüy, vous le voulez, c'est vostre seul vouloir,
Et vostre vueil sera suiuy de mon pouuoir.
Las! pauure Roserin ie deplore ta peine,
Et si tu es viuant prens pitié de la mienne:
Tu aimois Polibelle, & moy vn Philidon,
Mais nos amours n'auront que la mort pour gerdon.
Ie ne regrette rien que ma chere Lilinne,
Craignant, sçachant ma mort, que le dueil la ruine,
Zelée enuers moy elle me plorera,
Et dedans le tombeau son amour durera:
A dieu belle Lilinne.

     Lilinne.

     Ah! compagne m'amie
Me voulez vous priuer de vostre compagnie?
Vous ay ie fait offense en quelque occasion,
Pour me laisser ainsi pleine d'affliction?
Ne precipitez pas vos ieunes ans ma belle,

Le temps les fauche assez auec sa faulx cruelle,
Ne faites pas m'amour hommage au desespoir,
Vous n'en pourriez vn iour que du mespris auoir,
Mettez deuant vos yeux tant de desesperees,
Qui ont banny l'honneur se sont vituperees,
N'ont fait aucun estat de la riche vertu,
Ains auec leurs delits ses thresors combatu.
Mirrha seule suffit dans les histoires vaines,
Sans celles que l'on veit, ò malheur, trop certa
Au siecle où nous viuons, & partant reiettez
Tous les mauuais desseins qui tiennent arrestez
Vos sens, vostre raison, rendant aussi perie
Cette flame qui n'a que fard & tromperie,
Et suiuez mon conseil.
Alcione.
L'amour n'auroit il rien
Que du mal en tout temps sans produire aucun bien;
Ne croiez pas cela sans en estre allumee.
Lilinne.
Il a ie ne sçay quoy passant comme fumee.
Alcione.
Soit qu'il ait, eu n'ait pas de son mal ie mourray.
Lilinne.
Cela ne sera pas tant que ie le pourray,
Que dira on de vous & de vostre martyre,
Si le feu de l'amour vous fait la mort eslire?
Vous serez le iouet, le discours coustumier,
L'opprobre, le reiect, le mespris iournalier

Acte troisiesme

Des nations qui sont sous l'essieu des deux poles:
Mais prenant mon conseil & suiuant mes paroles
Abandonnez ce feu, pour moy si ie vinois
Surprise d'un tel mal ainsi que ie vous vois,
Et qu'on me mesprisast comme lon vous mesprise,
Tel desdain seruiroit pour me mettre en franchise:
Affranchissez vous donc pour viure maintenant
Seruant Diane & Pan qui nous vont soustenant,
Mesprisant tous les feux de la belle Ciprinne,
Et rendez estouffé le mal qui vous ruine,
Nostre exercice est beau, si agreble en soy
Qu'il n'a rien d'inegal aux plaisirs d'vn grand Roy:
Nous auons les forests pour aller à la chasse,
Et les petits ruisseaux pour prendre la becasse,
Les princes sont fournis de dogues & leuriers,
Et nous, nous nourrissons les gros chiens mastiniers,
Que peut on desirer qui soit plus agreable?

Alcione.

Vostre discours Lilinne est vers moi charitabl
Enclin à destourner mes tristes accidents.

Lilinne.

Practiquez le m'amour, voz cheurettes gardans.
Ie vay me retirer pour faire mon mesnage.

Alcione.

Que sert il de m'auoir tenu si grand langage,
Puis que i'ay resolu d'aller finir mes iours
Dans les bois pour seruir de pasturage aux ours,
Aux lions, & aux loups, & aux bestes feroces,

de Roserin.

Qui me feront sentir de Clothon les amorces.
Et si les animaux ont trop d'humanité,
C'est vn decret fatal dedans moy arresté,
Que ie voiageray plustost là terre ronde,
Pour trouuer vn rocher pres de la marine onde
Lanceant moy, mes ennuis, dans ces flotantes eaux.

I 6

ACTE QVATRIESME, ET DERNIER.

Lilinne,
Pangionne,
Bonicel,
Phelidon,
Polibelle,
Odifleur.

Lilinne.

Alcione viens voir mes iolis cheureaux,
Helas n'es pas icy Alcione, Alcione,
Ie crains que le malheur de bien pres te talonne,
Responds moy Alcione, Alcione où es tu?

Pangionne.

D'vn extreme regret i'ay le cœur reuestu.

Lilinne.

D'où viens tu Pangionne, ainsi toute estonnee,
As tu eu ce iourd'huy quelque heure infortunee?
Dis moy la verité, ou si le loup glouton

A

A de tongras troupeau deuoré vn mouton?
Pangionne.
Iamais, ô dieux, iamais ie n'eusse veulu croire
L'amour desesperer ainsi vne bergere,
Se iettant en la mer du soupeau d'vn rocher,
Pour aller visiter Caron le vieil nocher,
C'est vn prodige fait.
Lilinne.
He! que dis tu compagne?
Pangionne.
Ie dis que le mal-heur Alcione accompagne.
Lilinne.
Ah! quelle triste voix comment m'amour, comment?
Pangionne.
Noyant dedans la mer ses iours en son tourment.
Lilinne.
Quel esclandre est cecy, ah! ie te plains pauurette,
Tu as esté par trop en son ame secrette,
Ie t'auois arraché la fausse opinion
Qui t'alloit attirant aux peines d'Ixion,
Ou bien pour me tromper tu faisois bon visage
Sans monstrer nul semblant de ton triste naufrage:
He! quel acte as-tu fait, quel crime as-tu commis,
Quel reproche sera-ce à tes loyaux amis?
Toy dieu porte-trident tu ne deuois permettre
Ce spectacle hideux, ains l'empescher de naistre:
Ie voy bien tu voulois cette nymphe acquerir,
Que tu auras gardée en tes eaux de perir.

M'amour

Acte quatriesme, & dernier

M'amour recite moy le cours de cet esclandre,
Car pour me consoler ie desire l'entendre.

Pangionne.

Il faudra que ton cœur en constance soit fort,
Lassie menois paissant mes bestes sur le bord
Du fleuve Rhosnien, cueillant la violette
Pour en faire un bouquet à guirlander ma teste:
Ie regardois aussi mes cheurettes brouter
L'herbe que le printemps a voulu enfanter:
Et comme i'approchois pres d'un grand promontoire
Où les Vinariens des dieux tirent leur gloire,
I'ay veu dessus ce mont hautain, audacieux
Alcione ietter sa veuë vers les cieux,
Produisant des souspirs que l'on pouuoit entendre,
Parce que l'air faisoit en bas sa voix descendre:
Elle nomme souuent Phelidon le berger,
Et ce nom luy faisoit le visage changer,
L'accuse de son mal, & d'estre impitoyable,
Prononçant mesmes mots, cruel inflechissable
Tu vivras maintenant, moy ie vay à la mort,
Et ton desdain est seul qui me pousse à son port.
Aye ce souuenir au moins dedans ton ame
Que les urnes d'amour pour toy ont pris ma flame,
Mon los sera par tout, & ma ferme amitié,
Et l'on te blasmera pour estre sans pitié.
Phelidon, Phelidon voy comme ie me lance,
Mes iours pour t'aimer trop abregent leur souffrance:
Acheuant ces propos son corps elle a laissé

Cheoir.

de Lilinne.

Cheoir au sein de Thetis,& sa plainte cesse.

Lilinne.

Ah! mon sang est glacé de ce fait deplorable.
Qui doit estre vangé.

Pangionne.

Le ciel est equitable,
Punissant les mortels comme ils ont merité.
Ce berger que ie voy monstre estre transporté,
Dis moy le cognois tu?

Lilinne.

Ouy, & il me semble
Qu'il a nom Bonicel.

Bonicel.

Ie n'ay rien qui ne tremble
En ma chair, en mes os de crainte & de douleur.

Pangionne.

Il a veu esclatter quelque insigne malheur,
Lilinne abordons le.

Lilinne.

Ie le veux Pangionne,
Afin de descouvrir ce qui le passionne.
Bon iour, bon iour berger.

Bonicel.

A vous grandes beautez.

Pangionne.

Bonicel dites nous l'ennuy que vous portez,
Car on cognoit fort bien à voir vostre visage
Que vous estes attristé.

Acte quatriesme, & dernier

Bonicel.

Auec vn grand courage
Ie cherche Phelidon, & ne le trouue pas,
Doutant qu'il ait gousté le mortifere appas.

Lilinne.

Pour quelle occasion?

Bonicel.

Adorant Polibelle.

Pangionne.

Vrayement ce seroit vne estrange nouuelle.

Bonicel.

C'est Roserin qui a son absence causé.

Lilinne.

Roserin & pourquoy en est il accusé?

Bonicel.

Tu sçais que Roserin caressoit Polibelle,
Et Phelidon l'aimoit d'amitié mutuelle:
Ces deux s'estans ren's l'vn de l'autre ialoux,
Auec la ialousie ont nourry le courroux:
Ils se sont bien battus à grands coups de houlette,
Mais Roserin en fin a sonné la retraitte.
Phelidon harassé d'auoir tant combatu,
Est contraint se coucher de sommeil abbatu.
Roserin desireux de sa reuange prendre,
Alciene poursuit de venir tost se rendre
Proche de son costé à fin de se nourrir
Du fruict qu'elle attendoit sur le poinct de mourir.
Elle vient cependant, Roserin s'en va viste

Polibelle

de Lilinne.

Polibelle appeller qu'il trouua toute triste,
Et luy fait voir le tout, mais las! subitement
Vn sincope luy a osté le sentiment,
Estant venue à soy, Phelidon elle accuse,
Enseignant de l'aimer cherir autre amoureuse.
Phelidon la va veir pour se rendre innocent,
Mais elle sa fureur contre luy va lanceant,
Disant retire toy inconstant & perfide
Tu te dois contenter d'estre mon homicide.
Elle le quitte là, mais luy desesperé
Dit, m'amour ta rigueur constant ie porteray,
Il a abandonné les bergers en la plaine
Pour noyer son malheur & terminer sa peine,
Je le cherche par tout.

Lilinne.

Helas! prenez plaisir
Que nous vous assistions.

Phelidon.

Me verray-ie saisir
De mille ennuis mortels estant plein d'innocence,
Et le butin encor d'vn destin sans clemence?
Ouy, ie le verray, & mon bien, mon repos
Chercher autre herison chez la fiere Atropos.
O sort i'obeïray à ce que tu desire,
Car sans voir mon soleil ie n'ay que du martyre,
Priué de Polibelle & de sa chasteté.
J'ay resolu de mourir auec la fermeté,
Vn caillou sous mon chef, & couché sur la dure,

En

En ce lieu i'ay choisi ma triste sepulture.
Or auant qu'arriuer pres le lac auernal
A ma belle ie veux dire l'adieu final.
Ah'final, non seray: car ie serois offensé
Aux reigles du deuoir, & puis à ma constance.
Ie ne mettray iamais au fleuue de l'oubly
Celle là qui rendra mon trespas enn:bly,
I'emporteray là bas son portrait, son image,
Puis qu'il ne m'est resté que ce precieux gag:
Ce sera mon guidon, souz lequel en mourant
Aux vrnes de Pluton ie l'iray adorant.
Pollibelle veux tu qu'en te seruant ie meure
Helas, c'est mon desir, ie suis attendant l'heure,
C'est tout le plus grand bien & le contentement
Qui me puisse arriuer de mourir constamment:
He dieux! ie n'en puis plus la parole me quitte,
Mon sang tout affroidi rend ma force petite,
Les vaisseaux de mon cœur estans ainsi glacez
Sur l'acheron bien tost mes iours seront passez.

Polibelle.

Pardon, à ciel pardon humble ie te demande,
Puis qu'offensant mes vœux i'ay commis faute grande
Contre toy, & encor contre mon Phelidon,
Qui pour moy aura mis sa vie à l'abandon.
I'ay couru les forests, eschelé les montagnes,
Cherché les antres creux, visité les campagnes
Pour trouuer mon Adon sois ou mort, ou viuant,
Et n'ay rien descouuert tant de chemin suiuant,

Il ne me reste plus qu'à visiter cet antre.
Où s'unirent nos cœurs, mais il faut que i'y entre,
A la fin Phelidon ie t'ay trouué icy
Pour requerir pardon, & te crier mercy:
L'estat où ie te voy est du tout lamentable,
Et le mien pis encor pour estre ta coulpable.
Phelidon, Phelidon si les souuerains dieux
Me font ce bien encor de paroistre à tes yeux
Auant que ton trespas, & si leur saincte grace
Me permet de baiser en ce moment ta face,
Agreé Phelidon pour le dernier bienfait
Que desbendant mes yeux ie laue mon forfait
Par mes humides pleurs, & si dedans ton ame
Il te souuient aussi de l'amour de ta dame,
Oublie le delit qu'iniuste i'ay commis:
Car en ce dur assaut ma cruauté t'a mis.
Helque si Lachesis qui n'a point de clemence
Eust cizelé mes iours quand i'eus ta cognoissance,
Tu ne fusse pas mort, Phelidon, car les tiens
Eussent heureusement esté comblez de biens.
Tu pleure mon amy, & ie n'en suis pas digne,
Mais c'est pour demonstrer ton amour plus insigne
Si tu as quelquefois dans ce roc caverneux,
Pris plaisir de me voir nouant tes beaux cheueux,
Par ce plaisir mon cœur permets moy ie te prie
De t'embrasser ce coup en finissant ta vie,
Bien que ie ne merite vn si grand bien de toy
Ne laisse pas pourtant d'auoir pitié de moy.

Phelidon.

Acte quatriesme, & dernier
Phelidon.
Ie ne puis Polibelle en accusant les astres
Les nommer comme toy autheurs de mes desastres,
Ie m'estime mourir d'vn trespas gracieux,
Puis qu'encore ie voy mon soleil radieux,
Que cette veuë, disie, en mon mal me soulage
Auant que d'approcher de Caron le riuage,
Comme estant Pelibelle au declin de mes iours
Ie iure auoir gardé ma constance tousiours
Sans commettre iamais contre nostre amour pure
En violant mes vœux vne petite iniure,
Seulement ie me plains en mourant de te voir
Assister mon trespas, & aux pleurs t'esmouuoir.
Polibelle m'amour si tu desire encore
M'aimer, ne permets pas ta paupiere se cierre,
Ie meurs belle, ie meurs en te gardant la foy,
Mais ie vis si ton cœur me garde dedans soy.
Fay que ie sois graué, le sien est le mien mesme,
Puis qu'en nostre amitié on ne voit point d'extreme,
Ie ne puis plus parler, & vay par cet adieu
Te quitter Polibelle en ce cauerneux lieu,
Que ie te baise encor cette fois la derniere,
Et ne sois comme moy de tes ans meurtriere.
Polibelle.
A dieu mon petit cœur le but de mes desirs,
Ie te voy expirer, & noyer mes plaisirs:
A dieu tout mon espoir tu as quitté ta dame
Pour combler le vouloir de la mortelle lame,

Ima e

Image précieux que bien tost ie suiuray,
Et si l'on vis là bas auec toy ie viuray.
Ah! ie te veux baiser requerant cette grace
Que de nos corps glacez vn seul tombeau on face,
Nos cendres y ayant ce mutuel repos
On nous verra viuans en despit d'Atropos.
Phelidon attends moy au Letheen rinage
Ie vay finir mes iours pour y voir ton image.

Odisleur.

Ce iourd'huy ie n'ay veu que chose estrange en l'air,
En quelque part en fin que i'aye peu aller
Rien entendu que cris, que sanglots, & que plaintes,
Ce qui donne à mon cœur de cruelles atteintes,
Vn element fait guerre à vn autre element,
Et les vents quadratez iurent l'atterrement
De ce qui est basti sur la masse terrestre:
Bref ie n'apperçoy rien qui aye vie ou teste,
Qui ne soit attaqué de quelque estrange sort.
Mais quoy? ne voy ie pas là dedans vn corps mort?
Non vn, mais plustost deux differens en leur sexe,
Il faut m'en approcher, à fin que ie cognoisse
S'ils sont sans mouuement. Stratageme nouueau
De voir fleurir l'amour iusques dans le tumbeau!
O pauures cœurs vnis, beau couple inseparable,
Vous viuez vous viuez d'vne vie imitable!
Phelidon, Polibelle en vos amours mourans
Au temple de memoire on vous va adorans,
Le ciel m'honore bien, & de vous il a cure,

Puis

Puis qu'il veut que mes mains vous donnet sepulture.
Ie ne puis accomplir ce pastoral connoy
Sans estre secouru dedans ce val ie voy
Quelqu'vn qui pourra bien m'aider à cet office.
C'est Bonicel ie croy des bergers le delice:
Il faut donc l'appeller, Bonicel mon amy.

Bonicel.

O disleur que veux tu, i'estois presque endormy,
Mais ta voix a rompu la course de mon somme.

Odisleur.

Helas! ouure tes yeux, & considere comme
Icy est le portrait de l'amour plus parfait,
Qui se soit veu depuis que l'vniuers est fait
Regarde ces corps morts.

Bonicel.

Clothon est trop cruelle
D'auoir pris son butin sur leur flame iumelle.

Odisleur.

Leurs iours sont acheuez, allons les inhumer,
Puis qu'apres le trespas nous les deuons aimer.
Messieurs ce dur connoy pour vn peu nous retire,
Mais c'est pour apprester vne farce pour rire.

F I N.

LE MARTYRE
DE SAINCT VINCENT.

A Messieurs du venerable Chapitre de l'Eglise Cathedrale de Viuiers.

VOVS auriez iuste occasion de m'appeller ingrat, si apres m'auoir porté tant de bien-veuillance depuis que ie suis resident en vostre Cité, & faisant voir le iour à quelques tragedies & histoires que ie desire mettre sous la presse, ie ne vous faisois participans du fruict de mes labeurs, receuez donc dōc s'il vous plaist celui cy: C'est le martyre de ce grand Atlete S. Vincés, les trophees diuins, duquel font rayonner vostre Venerable Chapitre, ie ne diray pas seulement dans le Viuarois (comme Patron) mais encore par toute l'Europe : Chapitre vrayement composé de personnes tres-dignes & pleins de merite, ie sçay bien que beaucoup s'estonneront, comme i'ay entrepris de presenter mon œuure à vne Congregation qui a sauouré l'ippocrenne, & laquelle ne doit accepter que choses naïfuemét naïfues, mais ie respondray que les petits presens ne sont pas rejettables, & qu'il faut plustost regarder l'intention de celuy qui donne, que son don mesme.

Ie

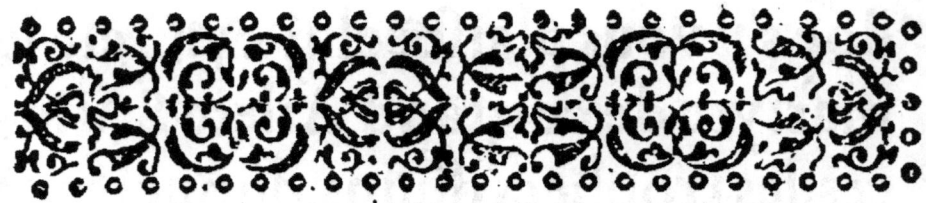

ACTE PREMIER.

S. Valere,
S. Vincens,
Dacian,
Les Soldats.

S. VALERE commence.

LE grand Altitonnant qui donna les piliers
Au globe où il fait voir ses œuures à miliers
Le voulut enrichir de tout le necessaire,
Que meritoit cet œuure, à fin de le parfaire,
Diuisant le Caos où tout estoit meslé
A sa loüange il a chasque chose appellé.
Ie voy les elements, le flambeau malerique,
Latone & chascun astre en leurs concours oblique
Respirer le pouuoir de ce diuin moteur:
Mais tout le plus parfait, dont il est creatur,

C'est des hommes mortels, & pour eux sa puissance
Moula ce dont ils ont en leurs mains iouyssance:
Nous luy sommes tenus de la creation,
Qui n'est rien sans auoir la conseruation.
Helas! le pauure estat où seroit nostre vie,
Si Dieu ne la rendoit quand nous naissons benie,
Sans viure nous viurions, mais pires qu'animaux,
Dont la brutalité est encline à tous maux,
Sans recognoistre vn Dieu, sans craindre sa iustice,
Exempts de tout bienfait, embourbez dans le vice.
L'on me repliquera que nostre entendement
Ne sçait pas les secrets du dard firmament,
Qui dispose à son gré toutes nos destinees:
Il est vray, mais voicy mes responses donnees,
Si Dieu nous a donné ses benedictions,
Ce n'est pas à dessein que nous en abusions,
Mais il faut esperer sur sa bonté diuine,
Hors laquelle on ne peut trouuer que sa ruyne,
Ses thresors precieux qui passent en grandeur
Ceux que tient enserrez la terre & sa rondeur
Se presentent à nous & nostre cœur enflame
Pour auoir le repos preparé à nostre ame,
Chacun en son degré, en sa vocation
Aura en bien viuant là haut sa portion.
Les pasteurs & prelats qui ont en leur puissance
L'administration, la totalle dispense
Des dons spirituels en l'eglise establis
Par la deuotion se verront ennoblis

de S. Vincens. 207

De ce bien souuerain, car ils sont la lumiere
Sur les mondains courans la terrestre carriere:
Les Monarques, les Rois, les Empereurs puissans
De ces dons eternels se verront iouyssans,
Comme les oings de Dieu, sa gloire estant leur lice,
Et faisant obseruer sainctement la iustice,
Puis l'estat triuial en ses arts diuisé
Peut frayer ce chemin, chemin vrayement aisé
A toute nation, à tous peuple, à tout sexe,
Quand preuenuz de Dieu ils en cherchent l'adresse:
Mais tous ne le font pas, deplorable malheur!
Le vice des humains a chassé le bon heur.
Ie sçay bien que le ciel de sa faueur benigne
M'a mis en vn degré duquel ie suis indigne,
Mais puis que sa bonté m'y a[n]cit appellé
Sur la fin de mes iours ie suis bien consolé
D'auoir proche de moy vn homme de merite,
Qui me soulagera en la saincte conduite
De mon Episcopat, car mon poil tout blanchi
Du trauail coustumier me doit rendre affranchi,
Et pour n'offenser point en rien ma conscience,
Mon ami ie desire auoir vostre assistance
Pour veiller mon troupeau.

S. Vincens.

Ie ne puis accepter
Pere vostre desir pour ne le meriter,
Il faut que cela soit pour quelque personnage
Qui ait acquis en soy des sciences l'vsage

K

C'est vn pesant fardeau pour ma ieune saison:
Partant ie vous supplie auec bonne raison
Ne me le donner pas.
S. Valere.
Ie sçay vostre merite
Digne d'auoir en main ce diuin exercite,
Sarragosse sera pleine de tout bon heur,
Quand elle vous aura apres moy pour pasteur,
Moy plus heureux encor sur ma blanche vieillesse
De vous auoir remis de mes ames l'adresse,
Vous voyez mon defaut quand ie veux prononcer,
Et que ie ne puis pas vn discours aduancer
Ainsi que ie vendrois, prenez donc ie vous prie
La peine de veiller dessus ma bergerie.
S. Vincens.
Me voulez vous forcer outre ma volonté?
S. Valere.
Le ciel sans vous forcer a cela decreté.
S. Vincens.
Ie ne pourrois iamais faire cet exercice.
S. Valere.
L'esprit de l'Eternel vers vous sera propice,
C'est le seul conducteur des bonnes actions.
S. Vincens.
I'ay chassé de mon cœur toutes ambitions:
Car que me seruiroit d'auoir la prelature
Si ie ne nourrissois mon troupeau de pasture?
L'Euesque doit prescher, & par diuins attraits

de S. Vincens. 209

Remettre en son bercail ceux qui en sont distraits,
Moy ie ne pourrois pas à cela satisfaire.
S. Valere.
Ne cuidez pas ainsi par voz discours distraire
Ce qui doit aduenir, c'est vn decret diuin
Vniforme en effect auec vostre destin,
Pour cette function vous en estes capable,
Et tenant de ma main le titre venerable
De Diacre, ie puis vous commander d'auoir
Agreable cela qui est de mon pouuoir:
Ie vous commande donc & par obedience
D'auctoriser mon vueil.
S. Vincens.
    Las! que vostre puissance,
Venerable Prelat, me donne grand esmoy.
S. Valere.
Mon fils obeissez.
S. Vincens.
    Helas! faites de moy
Tout ce qu'il vous plaira.
S. Valere.
    Vostre ame soit encline
A bastir ses essais sur la gloire diuine.
S. Vincens.
Pere benissez moy, me voicy à genoux,
Ie seray plus hardi estant beny de vous.
S. Vincens.
Soiez beny de Dieu, ô enfant debonaire,

Et vostre labeur soit enclin à luy complaire,
Preschez publiquement la pure verité,
Et n'aiez pas le cœur plein de timidité.
O pere Souuerain donnez luy cette grace
Par vostre sainct esprit de paroistre à la face
D'vn peuple incirconcy, & comme bon Pasteur
De mon troupeau il soit auec moy conducteur.
Vincens mon grand amy en voz mains ie resigne
La charge que i'auois par la faueur benigne
Du Souuerain moteur en Sarragose acquis,
Le peuple Chrestien vers moy vous a requis
En cet œuure si bon, faites que l'on entende
Resonner vostre los comme ie le demande,
Ma benediction ie vous donne en ce lieu,
Vostre vocation soit à l'honneur de Dieu.

Dacian.

Depuis le iour qu'il pleut à la Dame Lucine
Faire voir à mes yeux la voute cristaline
Tirant ma liberté hors du flanc maternel,
Où i'estois prisonnier sans estre criminel,
Le bon heur m'a suiuy, & comme fauorable,
Il m'a fait iouissant de tout le souhaittable,
Qui estoit en mon cœur, si bien que maintenant
Ie suis pour l'Empereur gouuerneur, lieutenant
Sur les peuples qui sont habitant Iberie,
Qui depuis a esté surnommé Hesperie,
Du costé du Midy & du Septentrion,
Chacun va venerant de Dacian le nom.

Le Lusithain encor, puis aprez le Rethique
Me croit vn demy Dieu sur le bord Atlantique.
Les monts Piremens veulent tousiours chanter
Mon los, où Hercules ses piliers fit planter,
Ie suis donc satisfait, ouy, & ie puis dire
Que gouuernant ainsi l'Espagne pour l'Empire
Les dieux me sont benins prodigues en faueurs
Pour m'obliger, ie croy, a garder leurs honneurs
Par tous les lieux confins où i'ay de la puissance,
Or puis qu'entre les Grecs i'ay receu ma naissance,
Mon deuoir me contraint à reuerer leurs dieux,
Et les faire adorer souuerain dans les lieux
Où mon pouuoir s'estend: c'est cela qui enflame
De curiosité le centre de mon ame,
Si les Ioniques flots quand ils sont courroucez
Calidrome, Oetha qui ont leurs loz poussez
Vers le Septentrion iusqu'à la Maliaque,
Athenes & citez exemptees d'attaque
Font redouter les Grecs sur toutes nations,
Ils sont plus admirez pour les deuotions,
Car du tonnant Iupin, de Mars & de Minerue
Le sacrifice sainct chacun an on obserue,
Et des autres aussi qui sont leurs protecteurs:
C'est pourquoy on les vdit indomptez & dompteurs
Ie les veux imiter, & contraindre par force
Cet Euesque Valere à nourrir telle amorce,
Comme ie l'ay en moy, & generalement
Tous ceux là qui seront dans mon gouuernement.

Son souffragant aussi que Vincens on appelle,
Qui est à l'Empereur & à sa loy rebelle,
Que s'ils ne font honneur aux dieux ainsi qu'il faut,
A la fureur leur fera souffrir vn dur assaut:
Allez soldats, allez vistement me les prendre,
Car si ma volonté quelqu'vn leur fait entendre
Peut estre ils s'enfuiront.
Les Soldats.
Nous irons promptement,
Et les garotterons, mais bien estroittement,
Faisans faire plustost des liens & des chaines
Pesans à supporter pour commencer leurs peines.
Dacian.
Si vous faites cela ie vous en aimeray
De plus en plus soldats, & ie publieray
Vostre fidelité par tout ce grand Empire.
Les Soldats.
Monseigneur vostre cœur aura ce qu'il desire.
Dacian.
Que diroit-on de moy si s'allois endurer,
Les dieux & leurs autels ainsi vituperer
Par ce Valere là, & Vincens son diacre,
Qui se mocquent en tout d'eux & leur simulachre?
Le peuple Lusitain m'auroit trop à mespris
Et au rang des ingrats ie me verrois compris,
Ie commettrois en fin vn forfait execrable,
Si ie ne chastiois ce delit punissable:
S'ils peuuent estre pris i'entendray leurs raisons,

de S. Vincens.

Et moy ie leur diray mes resolutions,
Ie croy que mes soldats auront fait diligence
De les apprehender, & mener à Valence
Comme i'ay commandé.

Les Soldats.

Les voicy, les voicy
Ces hommes partiaux, dont le cœur endurcy
Mesprise les statuts, les loix, les ordonnances
Des Princes indomptez sans craindre leurs puissāces.
Vous irez, vous irez dans vn mauuais manoir,
Ce sera vn cachot, nous auons le pouuoir
De vous y faire entrer.

S. Valere.

Si vous auiez enuie
De nous faire marcher, la pitié vous conuie
Diminuer noz ceps, si nous les endurons
Encore quelque temps, iamais nous ne pourrons
Arriuer où il faut sans voir le noir vmbrage.

Soldats.

Nous desirons plustost vous lier dauantage.

S. Vincens.

Que croyez vous soldats nous tenans garrottez,
Que de voz bras guerriers nous puissions estre ostez,
Cela est impossible & qui le voudroit faire?

Soldats.

Vous en aurez bien plus, & si lon me veut croire,
On vous enseignera de parler autrement:
Ce n'est pas aux captifs vser de cauſement,

Allons meschans, allons sans faire autre demeure
Sauourer le plaisir d'vne prison obscure.

Dacian.

Mes soldats ne sont pas encore arriuez.
Auec leurs prisonniers, ils se seront sauuez.
Sans doute ie le croy, & que la negligence
Dedans leur cœur aura noyé la vigilance:
Si cela est ainsi ils se repentirent,
Et desobeïssans mon ire ils sentirent.
I'ay cette ambition dedans moy engrauée
De voir la loy des Grecs en Ibere obseruee:
Mais d'où peuuent venir ces gens qui sont armez?

Soldats.

Monseigneur nous auons voz galans enfermez
Dans des cachots noircis, mais quelle nourriture
Vous plaist il leur donner?

Dacian.

Laissez moy cette cure,
En bref i'y penseray, & ie suis bien ioyeux
De pouuoir disposer de ces deux vicieux;
Vous estes à louer de vostre obeïssance,
Et si iamais bien fait merita recompense,
Le vostre iouira de mes felicitez
Pour guerdonner le los de voz fidelitez.
Mais quels discours ont fait ces hommes par la voye,
Ie croy qu'ils n'estoient pas accompagnez de ioye.

Soldats.

Ils n'ont iamais monstré aucun estonnement,

Ains

Ains tous chargez de fers nous parloyent doucement.
Dacian.
Vous les deuiez traitter d'vne estrange maniere,
Comme ayant eu de moy cette puissance entiere.
Soldats.
Si nous ne l'auons fait, le temps arriuera
Que de vostre vouloir chacun s'aquittera:
Ie vous iure pour moy, & pour ceux-cy encore
Que si vostre grandeur Dacian nous honore
De ses commandemens, nous les accomplirons,
Et si le sors le veut pour iceux nous mourrons.
Dacian.
I'ay tousiours creu cela, mais faites diligence
De trouuer le geolliar, ayant en sa puissance
Ces rebelles enclos, dites luy que ie veux
Peu à peu les gesner, & pour les dompter mieux
Qu'il les face languir de soif & de famine,
Le faisant autrement qu'il verra sa ruine:
Et s'ils ne sont assez de tenir ceps tourmentez,
Faites moy ce plaisir de les rendre augmentez,
Car par enchantement ils pourroient prendre fuite,
Si en rien que ce soit leur discours vous incite
A les batre & frapper ne les espargnez pas.
Quand vous deuriez enfin leur donner le trespas,
Ie ne seray iamais contant dedans mon ame,
Que ie n'aye exercé mon courroux & sa flame
Sur Valere & Vincens, & s'ils sont obstinez
De porter le respect deu aux dieux burinez

En mon cœur, & encor aux edits des Monarques
Ils iront peager aux trois diuerses parques,
Si Diocletian est en denotion,
Maximian aussi que leur intention
Soit de faire adorer les dieux & leurs figures
Donnant aux contempteurs des gesnes & tortures,
I'en vseray ainsi, & les surpasseray
En tout ce qu'ils ont fait, & bref ie dompteray
Les peuples & subiects, sur lesquels ie commande
A imiter les Grecs quand ils font leur offrande
Aux souuerains moteurs, mon deuoir le requiert:
Car qui aime les dieux pour recompense acquiert
Le loyer eternel de l'honneur qu'il leur voue,
Et encore outre plus tout le monde le loue:
C'est pourquoy desirant ce renom acquerir
Ie forceray ces deux que ie veux enquerir
A leur porter respect, & sans que ie retarde
Il me faut commander aux archers de ma garde
De les conduire icy pour les interroger,
Et à ma volonté les faire tost ranger.

ACTE

ACTE SECOND.

Dacian,
Le concierge,
S. Valere,
S. Vincens,
Les Soldats.
Les Bourreaux.

Dacian.

ON est allé querir les gens que ie demande,
Viue d'estre obeys si tost que l'on commande,
Et d'auoir du credit, ie me vante pour moy
D'estre autant respecté qu'vn Empereur qu'vn Roy;
Ou se seroit d'aucuns dont l'ame partialle
N'a voulu approuuer ma force magistralle,
Comme de ces meschans que ie fay amener
Captifs dedans des ceps que l'on leur fait trainer.
Ie croy qu'il se verra depeint sur leur visage
De la hideuse faim le plus naif image,

Elle

Elle a abandonné les Scithes froidureux,
Pour venir seiourner avec ces malheureux
Que voicy arriver: ma croyance est deceuë,
Et ie me promettois de repaistre ma veuë
Sur leurs corps affoiblis, & leurs os descharnez.
Concierge tu leurs as des alimens donnez
Outre ma volonté, si ie le puis cognoistre,
A ton dam tu auras ces hommes fait repaistre.

Concierge.
I'en appelle à tesmoing le primier flambeau
Si iamais de ma main ils ont eu un morceau,
Aurois-ie en vostre endroit usé de perfidie
Pour les gratifier, mes iours ie congedie
A vostre volonté si cela est ainsi.

Dacian.
N'espere pas aussi auoir aucun mercy,
S'ils n'auoyent point mangé ils seroyent pasles maigres:
Au contraire on les voit fort dispos & alaigres
Comme ceux, lesquels ont des mets delicieux
Pour leur refection: mais ie iure les dieux
Encore d'abondant si i'en sçay quelque chose,
Que tu en pastiras.

Concierge.
Mon corps ie vous expose
Pour le faire gesner, voire iusqu'au mourir,
Si vous trouuez que i'ay ces hommes fait nourrir.

Dacian.
C'est vne chose est sur bien difficile à croire,

Qu'ils

Qu'ils ayent demeuré sans rien manger ne boire
Attachez des gros ceps dans des cachots vmbreux
Pour les voir en santé comme ils sont & ioyeux.
Mais il leur faut parler, vien approche Valere,
Tu sçais bien que celuy, lequel se rend contraire
Et rebelle aux edits des Empereurs des Rois,
N'ayant aucun soucy de maintenir leurs loix
Doit estre chastié par le dernier supplice.
Or toy qui es attaint de ce mal de ce vice
N'apprehende tu pas d'auoir punition?

S. Valere.

Nenny, car ie le fay pour ma religion.

Dacian.

Tu n'en peux pas auoir vne qui soit plus sainéte,
Que celle là que i'ay dedans mon cœur empreinte:
Ne voila pas ainsi les abus, les forfaits,
Desquels toy & Vincens estes par trop infects.
Vne religion doit estre reprouuee,
Si contre le vouloir des Rois elle est trouuee:
Or Diocletian & moy son lieutenant
De ce que vous croiez, voulons voir le neant.
Partant resondez vous en tout de nous complaire,
Ou donner pour butin vos corps à la misere,
Tu ne me respons rien, tu es sans parlement,
Peut estre que tu veux quitter ton errement,
Si vne fois la peur le saisit & la crainte,
Les autres en auront dans le cœur quelque atteinte.

S. Vin

Acte second
S. Vincens.

Quoy pere vous monstrez sur vostre bouche avoir
Harpocrates logé sans rien vous esmouvoir,
Pour respondre à ce chien, ouvrez, ouvrez les levres,
Pour crier contre luy, & reprimer ses œuvres.
Pere ne craignez point la mort & le tourment,
Declamez bien plustost sans nul estonnement
Contre cet ennemy de Dieu & nostre vie,
Faites que vostre voix soit une voix hardie
Pour rembarrer sa rage & dompter son effort,
Demandant à ces fins l'esprit de tout confort
Du Dieu que nous servons, ce tyran execrable
Est, ie croy, le serpent cauteleux miserable,
Lequel fit offenser nos premiers geniteurs
Dedans l'Eden sacré par ses discours menteurs,
Discours tant infecté, que la nature humaine
Du despuis a esté d'Atropos la cliente.
Ah! pere gardez vous de croire ces propos,
Craignez d'estre privé du supernel repos,
Invoquez le beau nom de IESVS debonnaire,
A fin de batailler contre cest adversaire,
Qui vous croit desia sien, & s'il est tant puissant,
C'est contre moy qu'il doit en ire estre agissant,
Il n'ose, il n'ose pas me parler de carnage,
Par ce que dans mon cœur i'ay assez de courage,
Pour porter ses assauts, face donc son pouvoir
Dacian sur mon corps, & puis ie feray voir
Comme ie beniray mon Dieu en la souffrance,

Et dompteray le mal auec la patience.
O demon infernal tu seras abbatu
Pour chose grande estant sans tresue combatu,
Cela me tient tout gay, & de plus me contente.
Dacian.
Pourray-ie supporter la voix tant arrogante
De ce ieune effronté vuide de iugement,
Qui me mesprise ainsi sans estre nullement
Enclin à m'obeir, faudra-il que i'endure
Despiter mon pouuoir qu'on me profere iniure,
Mesme deuant mes yeux: ah! non, non ie serois
Trop mol effeminé si ie me moderois
Ce fol desesperé, dont la foible ceruelle
Contre moy a voulu forger vne querelle,
Qui te pousse à cela responds moy mal-heureux.
S. Vincens.
Le respect que ie doy au Dieu qui rend heureux.
Dacian.
Est-ce le respecter de luy estre perfide,
Et te monstrer encor de ses honneurs auide,
Non de celuy-la seul: mais generalement
De ceux qui ont au ciel quelque gouuernement.
S. Vincens.
Ie n'ay iamais basti qu'en vn seul ma croyance,
Et de ceux que tu dis ie n'ay pas cognoissance.
Dacian.
Iupiter à son grè regit tout l'vniuers.

S. Vin

Acte second

S. Vincens.
Il n'a pas seulement ses bases descouuerts.

Dacian.
Ah! traistre que dis-tu?

S. Vincens.
Ie dis chose probable,
Et que ie monstreray en tous lieux veritable.

Dacian.
Lancez tous vos fleaux celeste maiesté,
Lesquels deuroyent desia auoir accrauansé
Ce surjon Plutonic.

S. Vincens.
Crie Dacian, crie,
Tes Dieux sont endormis, ils n'ont ta voix ouye,
Que tu es abusé de te fier ainsi
En leurs oracles faux qui n'ont de toy soucy.

Dacian.
Qui a donc fabriqué toute cette machine?

S. Vincens.
C'est mon Dieu mon Saueur & de sa main diuine.

Dacian.
Tu veux donc soustenir que i'erre follement
De croire aux deitez du doré firmament.

S. Vincens.
Tu erre voirement, mais d'vne erreur maudite.

Dacian.
Auec iuste raison il faut que ie m'irrite
Contre ces arrogans, dont la presomption

Veut

de S.Vincens.

Veux l'empire troubler d'vne sedition:
Est ce ainsi que tu dois implorer ma clemence,
Est-ce ainsi que tu dois me porter reuerence,
Pour auoir mes faueurs, tu les deurois cherir
Sur tout en te voyant au chemin de mourir.
Ie t'adouciray bien, ô homme abominable,
Te faisant espouser vn estat miserable,
Faites moy retirer ce vieillard, puis venez
Accomplir les decrets qui vous seront donnez.

Soldats.

Tenez vous là chenu, Dacian le discret.

Dacian.

Cela n'est pas assez, Soldats que l'on appreste
Vn gros posteau de bois, & puis y attachez
Ce Vincens endurci pour punir ses pechez:
Et cela estant fait, donnez luy le salaire
Qu'il merite d'auoir comme trop temeraire
Auec ses fers coupans, dechirez moy sa peau
Qui luy fera changer peut estre le cerueau.

S.Vincens.

Est-ce là comme il faut que ton ame meschante
Reçoiue son plaisir sur ma chair innocente:
Gorge toy à souhait, augmente ton effort,
L'asille de mon Dieu me rendra bien plus fort.

Dacian.

Que cuide-tu de toy, ô ieune homme volage
De voir ton corps reduit en si pauure equipage
Dans ton interieur, seras-tu point touché

De

De quitter cet erreur qui te tient entaché,
Et attaché encor à ce bois au supplice:
Desire tu mourir ainsi en ta malice,
Opiniastre endurci fais honneur pour ton bien
Aux dieux, à l'Empereur dont tu es le chen:
Quitte moy ce dessein de leur estre contraire,
Ne donne pas ton corps pour serf au vitupere,
Conserue mon amy cette ieune saison,
Où tu es arriué, tu en as bien raison:
Car estant obstiné de plus en ta ceruelle,
Tu lanceras sur toy quelque peine nouuelle.

S. Vinçens.

C'est cela que mon cœur a tousiours desiré.

Dacian.

Ce desir est mauuais, ô fol desesperé.

S. Vinçens.

Le desespoir iamais n'attaquera mon ame,
Ains elle veut brusler d'une plus sainéte flame,
C'est vn mauuais sentier qui est rempli d'erreur
Que l'ame Chrestienne a tousiours en horreur,
Iamais homme ne fit à vn autre seruice,
Comme tu me le fais auec ton iniustice:
Tu m'oblige beaucoup, ô cruel & felon
De me faire grimper le diuin eschelon
Par les afflictions, crois-tu que ie m'estonne
De ce premier tourment que ton ire me donne.
Ie souffris bien plustost d'autant que ie me vois
Au chemin qui conduit auec le Roy des Rois,

Auec

Auec ce doux IESVS ceſt agneau debonnaire,
Qui rend illuminez ceux qui l'aiment de gloire:
Iamais à autre but mon cœur n'aſpirera,
Eſperant que chez luy mon ame il tirera:
Ne me parle donc plus de ces loix inhumaines,
De tous tes Empereurs ie les eſtime vaines
Vomis ta cruauté, repais toy de mon ſang,
Commande à tes bourreaux de faire rang par rang
A leur plaiſir de moy, tu n'auras nulle aduence,
Moy ie butineray la belle recompenſe
Du ſeiour eternel: & partant me voicy
Pour ſouffrir le venin dont ton cœur eſt noircy.

Dacian.

O dieux qui habitez la voute lambriſſee,
Rendez, rendez çà bas voſtre veuë lancee
Pour voir vn tel deſdain, verſez voſtre courroux
Deſſus cet impudent qui vous meſpriſe tous:
Meſchant ie te promets, puis qu'à ce tu me force
Que ma colere aura pour toy bien d'autre amorce,
Et la ſens allumer interieurement
Dedans moy pour punir ton faux babillement,
Ie ſuis preſque inſenſé de voir ton arrogance.

S. Vincens.

Et moy i'ay l'eſprit ſain au fort de ma ſouffrance.

Dacian.

Cuide tu eſtre au bout?

S. Vincens.

Cela deſpend de toy,

Puis

Acte second
Dacian.
Puis que cela est vray Vincens obey moy.
S. Vincens.
Ie ne puis t'obeir, car tu es vn barbare.
Dacian.
Monstrez luy vistement que son esprit s'esgare,
Frappez enfans, frappez sans en auoir mercy.
Sold.
Comme vous le voulez nous le traittons aussi.
Dacian.
Ie croy que ce peruers a tiré son essence
Du manoir tenebreux, où Pluton a puissance,
Ou bien il a perdu son sens & iugement
De n'apprehender point vn si dur traittement,
Donnez traistres, donnez sur luy d'vne autre sorte.
Soldats.
Estes vous point content du supplice qu'il porte.
Dacian.
Content, nenny, nenny: mais c'est l'auantcoureur
De ce que ie nourris pour luy donner terreur.
S. Vincens.
O cruel Dacian tigre plein de massacre
Aux despens de mon corps ten ame se consacre
Chez les demons d'Enfer, qu'espere tu de moy
Que i'adore tes dieux, que ie quitte ma foy,
Que ie renie en fin mon createur celeste,
Pour embrasser l'erreur buriné en ta teste,
Pour assouplir mon cœur à ces decrets meschans,

Qui vont chez Eacus les Empereurs couchans:
Pour te complaire aussi, ah! non, non tu te trompe,
Qu'on muisse mes bras, que mes iambes on rompe.
Desbonde le poison, serre dedans ton cœur,
Contre toy pour mon Dieu ie veux estre vainqueur,
Ce createur du ciel & de la terre ronde,
Celuy dont la bonté m'a fait naistre en ce monde.
Bref ce Dieu, ce grand Dieu, lequel t'a decoré
De tant de dignité dont tu es honoré.
Si ie le soustenois immuny de sa gloire,
Ie dirois mon tourment estre bien meritoire,
Ou bien si ie disois par propos inuenteurs,
Que les Rois sont des dieux, de tels propos menteurs
On me deuroit punir.

Dacian.

     Ie voy bien tu persiste
En ton opinion erronee & maudite.

S. Vincens.

Ie persiste vrayement en ma confession,
Ce sera le sentier de ma saluation:
Et partant si tu veux quelque tourment eslire,
En fin me torturer par vn nouueau martyre.
Me voicy en tes mains, fay de moy ton plaisir,
Ie serois bien content si tu voulois choisir
La pure verité des ames Chrestiennes.
Verité qui me rend fort constant en mes peines,
Et si tu la veux voir, rends tes yeux desuoilez
Des bandeaux deceptifs interieurs collez.

L

Dacian.

Ie ne puis que iuger de cet homme reuesche,
Si fascheux à dompter, en fin tousiours il presche
Son Christ crucifié, ie croy certainement,
Que nature l'a fait sans aucun sentiment.
Il s'est veu deschirer iusques dans les entrailles,
Les glaiues acerez luy ont fait des batailles :
Il vois couler son sang ainsi comme vn ruisseau,
Il n'y a rien qui soit presque entier en sa peau
Sans en estre estonné, c'est vne chose estrange.
Mais auãt qu'il soit peu ie veux, ie veux qu'il chãge
Son babil & cacquet : faites le retirer,
Peut estre que tantost ie pourray l'attirer
A m'estre obeissant : s'il ne le fait, ie iure
Qu'il ira chez Mines gayer sa forfaiture.

ACTE

ACTE TROISIESME.

Dacian,
S. Vincens,
Les Bourreaux,
Les Soldats.

Dacian.

CE iufne adolefcent aura, ie croy, pense
A tout ce que l'on a deffus luy exerce
Et comme il n'y a rien pire que la colere
D'vn Monarque, d'vn grand, fi on ne la mode
Subiffant leur vouloir ; s'il ne le fait ainfi
De conferuer fes iours il n'a point de foucy :
Ie diray que fon ame eſt bien defefperee,
Son fens alienè, fa raifon efgaree,
Bref ie diray qu'il eſt l'image de l'orgueil,
Mefprifant d'accomplir ce qui eſt de mon vueil.

L 2

Quand il est question de conserver sa vie,
Il faut subir à tout, l'aise nous y convie,
Ce qui est animal craint le mortel desir,
Vn corps anatomic d'effroy nous vient saisir,
Et toutesfois Vincens n'a point eu l'espouuante
Se voyans assailly d'vne grande tourmente.
Partant ie suis d'aduis de le faire venir,
Et de propos benins en discours le tenir :
L'amitié quelque fois est vtile & propice
Plus que n'est pas la force à surmonter le vice,
Quand on ne gaigne rien par priere & amour
Il faut vser de force, & luy donner son tour :
De l'extreme dernier il faut que ie me serue
Enuers mon prisonnier, s'il ne fait, & obserue
Ce qu'il est obligé enuers les grands moteurs
De tout ce globe rond, & nos Rois protecteurs :
Faites le donc venir, à fin que ie l'entende,
Et pour voir s'il voudra accomplir ma demande :
Mais le voicy desia, il conuient le flatter,
Viens, approche Vincens, daigne moy escouter,
Et prendre mon conseil.

S. Vincens.

S'il est bon & licitable
Ie m'y conformeray, & rendray fort ployable.

Dacian.

Il sera salutaire & vtile pour toy,
Et partant mon amy, ie te prie croy moy,
Que ie veux procurer ton bien & ton aduance

De

De tout ce qui sera en fin de ma puissance:
Tu sçais que ie le puis, & ie mettre en honneur
Commandant sur l'Espaigne en chef & gouuerneur:
Les habitans qui sont des-uis les Pirenées
Iusques à l'Ocean les loix ont approuuées
Des Monarques puissans, ayans pouuoir sur nous,
Et comme bons vassaux sous elles viuent tous,
Tu le dois faire ainsi comme prudent & sage,
Tes patriotes ont obserué cet usage,
Si le ciel t'a doüé d'esprit & de raison,
C'est pour te gouuerner en tout lieu & saison.
Or tu sçais pour finir ce que mon cœur désire,
Que des deux souuerains l'honneur seul il respire.
Obligé que ie suis à leurs grandes bontez
De m'auoir prodigué tant de felicitez
Que ie désire voir Iberie suiette
A vne seule loy, & la fin de ta secte.
Partant burine en toy le but de mon désir,
Si tu désire aussi de me faire plaisir,
Quitte, quitte ce Dieu, où ton ame s'abuse,
Et cette ambition en ta pensée infuse:
Aime mon grand amy ceux à qui nous rendons
L'honneur qui leur est deu pour obtenir des dons
Sois soigneux de garder les ans de ta ieunesse
Sans les faire perir, & pour ton bien delaisse
Tout ce qui te pourroit du mespris apporter.
Ie suis fort deplaisant de t'auoir fait traitter
Comme tu l'as esté.

L 3

Acte Troisiesme

S. Vincens.

Tu le peux faire encore.

Dacian.

Ie ne le feray pas, pourueu que tu adore,
Iupin, Minerue, & Mars, & bref les deitez
Autheurs & gouuerneurs dans grands palais voutez.
Que dira on de toy en Osche ta patrie,
Si l'opiniastreté rend ta vie perie,
On te reputera vn fol sans iugement
De n'estre point esmeu à fuyr le tourment.
Sarragasse rira de toy & de ta peine,
Les peuples Numantins, la race Lusitaine,
Desdaigneront ton nom, bref on te blasmera
Par tout cet vniuers, où l'on reprimera
Ton erreur à bon droit, si tu la continue,
Ma fureur à ton dam en sera plus esmuë.
Ce que ie ne voudrois.

S. Vincens.

Si ie voiois en rien
Dacian ton discours me procurer du bien,
Ah! ie l'embrasserois, mais il est decenable.

Dacian.

Il est plustost vers toy benin & fauorable.

S. Vincens.

Mon Dieu quelle faueur pour me faire damner,
Et dans les antres noirs m'enuoyer seiourner.

Dacian.

Ce n'est pas se damner de faire sacrifice

Aux

de S. Vincens.

Aux immortels, plustost c'est vn sainct exercice.

S. Vincens.

Celuy visitera le manoir tenebreux,
Lequel adorera tes idoles vmbreux:
Il n'y a qu'vn seul Dieu, c'est celuy que i'adore,
Que la terre & le ciel pour son autheur honnore,
Dont la puissante main diuine fait rouler
Les sphericques rondeurs, & qui voulut mouler
L'homme sur son portrait, bref il est seul supreme,
Immortel, infiny, d'vn estre sans extreme:
Mais les tiens, Dacian, ne sont que des pipeurs,
Leurs oracles sont faux, abusans & trompeurs,
Et soit ou tost ou tard tu auras le salaire
De maintenir ainsi leur estre imaginaire.
Le bras du Tout puissant est rempli d'equité,
Lequel te payera de ta temerité:
Tu n'es pas le premier qui luy a eu querelle
Pour cuider vmbrager sa puissance immortelle,
Plusieurs t'ont deuancé, & n'ont rien auancé,
Dans l'abysme ensoufré chacun d'eux s'est lancé,
Contente toy d'auoir ces meschantes idoles
De Dagon, du veau d'or qui n'estoient que frinolles,
Et tant d'autres en fin qui ont par le passé
Chez le iuge Minos tant d'humains terrassé:
Et partant Dacian cesse de me poursuiure,
Et forcer en ma foy, car ie desire suiure
Mon Dieu portant ma croix.

L 4

Acte troisiesme
Dacian.
As tu intention
D'estre tousiours porté à cette affection,
Qui te fait rebeller?

S. Vincens.
Que veux tu que ie face,
En reniant mon Dieu, que ie perde sa grace,
Que ie priue mon chef du diademe exquis,
Par tans de saincts martyrs en Paradis acquis,
Que ie quitte le iour pour entrer en tenebre,
Et donner à mon ame vne fin trop funebre,
L'exposant sans pitié aux bourreaux de l'enfer,
Tuant le feu diuin qui la faict eschauffer.
Ah! ie n'en seray rien, ie serois banqueroute
Au grand manufacteur de la celeste voute:
Mais vn mal entre tous tiendroit le premier rang,
Ce seroit le mespris de son precieux sang,
Sang qu'il a espandu pour la nature humaine
Captiuee au peché pour la croyance vaine
Du premier des mortels, & pour conclusion
Ie me veux exempter de la perdition.

Dacian.
Comment te ferois tu en gardant la police
De Diocletian touchant le sacrifice
Qu'il desire de toy; plustost tu monstreras
Vn tres-bon naturel, & d'ailleurs, tu seras
Esleué par sa main en degré honnorable,
Ou bien proche de moy te rendans respectable.

Sai

de S. Vincens.

S. Vincens.
Les mondaines grandeurs ne sont rien que passer.
Dacian.
Tant & tant de discours commence à me lasser,
Si tu es sage, fuis mourir & ma colere,
Sans te precipiter ainsi dans la misere.
S. Vincens.
Ie sçay où est le but de mes pretentions.
Dacian.
Garde que ce ne soit des maledictions.
S. Vincens.
I'aspire vers mon Dieu & le prens pour ma garde.
Dacian.
Ie crains Vincens, ie crains que trop tu te hazardes.
S. Vincens.
Le hazard que ie fais est pour vn bon subiect.
Dacian.
Ce subiect te rendra vn miserable obiect.
S. Vincens.
Si ie souffre ça bas opprobre, mal, iniure,
Ie gagneray le ciel si constant ie l'endure.
Dacian.
Or sus il ne faut plus vser de contredit,
Ne sermonne plus tant: car tu as assez dit,
Approuue mon dessein.
S. Vincens.
     Plustost la noire Parque
M'enuoye visiter la Charon di barque.

L

Acte troisiesme
Dacian.

Pour m'estre demonstré vers toy plein de douceur,
Temeraire envers moy tu te rends offenseur,
Ie iure par les dieux, que voicy la iournee
Que ton corps le verra d'vlceres guerdonné.
Pourrez vous supporter, ô grand dieu Iupiter,
Ce meschant en son mal & vice persister,
Lancez voz foudres fiers pour accraser sa teste,
Puis que c'est voz honneurs qu'il combat & moleste:
Perfide desloyal tu as trop abusé
Des aduertissemens dont ie t'auois vsé
Auec humanité, pour bastir ta fortune
Et affranchir tes iours du rinage nocturne:
Mais ie te monstreray, homme ingrat, son meffait,
Et d'auoir refusé le bien que ie t'ay fait.
Le fidelle vassal dedans son cœur apprenne
Ce que le prince veut, mais toy tu le reprenne.

S. Vincens.
I'approuue ce qui est suiuy de l'equité.

Dacian.
De faire honneur aux dieux est ce vne iniquité?

S. Vincens.
Ouy, quand ils sont faux & vuides de puissance.

Dacian.
A on iamais ouy prononcer telle offense
Et blasphemer ainsi? ah! terre ouure element
Ouure ton flanc moiteux, engloutis vistement
Ce venemeux aspic, ou bien sœurs infernalles

de S. Vincens. 237

Faites siller ses yeux de vos torches fatalles,
Pour moy ie ne puis plus son delit endurer,
Il faut que ie le paye en faisant tortuter
Son corps, partant bourreaux faites moy cet office
De le tartirer ainsi que requiert sa malice.

Les Bourreaux.

Voicy le chevalet qui le guerdonnera.

S. Vincens.

Mon Sauueur au tourment ne m'abandonnera,
Il sera auec moy en ce duël execrable,
Où ie doy batailler.

Dacian.

Tu as peur, miserable,
Et tu en as raison: car ce tourmentement
De tes maux aduenir est le commencement.

S. Vincens.

Soit que ta cruauté me face vn grand vestige
Ie n'apprehende point.

Dacian.

Sus, sus qu'on le fustige
Auec des fouëts cuisans, puis apres le battez
De bastons gros & forts iusqu'aux extremitez.

S. Vincens.

Ah! bourreau carnacier ton ame sanguinaire
Ne peut pas inuenter plus qu'elle me fait faire.
Si ce n'est le mourir.

L. 6.

Acte troisiesme

Dacian.

Tu verras, tu verras,
Champion infernal, si tu supporteras
Mon cœur roux boubouillant, & ce que je machine.

S. Vincens.

A se paistre de sang ton humeur est encline,
Et partant soule toy de celuy que j'espends.

Dacian.

Nous en aurons bien plus, auec ces fers coupans,
Trana illez mes amis, couurez de cicatrices
Cette carcasse là pour nourrir mes delices.

Satelites ou Bourreaux.

Vinc ens, croy monseigneur & luy crie mercy,
Pren eds pitié de toy-mesme en te voyant ainsi,
Si la re bellion t'a esté fort contraire
Reçoy l'humilité pour ton bien salutaire:
Que l sera ton espoir apres tant de trauaux
Que tu as ja soufferts, & tant & tant de maux,
Pre parez d'abondant pour croistre ta souffrance,
Tu deurois bien plustost implorer sa clemence
Q ue non pas l'irriter.

Dacian.

Ah! il n'en sera rien,
Quelque larue mauuais le tient en son lien
Estroittement serré: c'est pourquoy chere bande,

Soix

Soiez prompts d'accomplir ce que ie vous commande,
Prenez des fers ardents pour brusler ses costez
Auec son estomach, & bref telle traittez
A vostre volonté, car ie vous l'abandonne.

S. Vincens.

O Seigneur tout-puissant voy la fureur hanne
De cet homme inhumain uuide de pitié,
Ie souffre mon Sauueur, mais pour ton amitié
Pour soustenir ton los, sa puissance diuine,
Ne permets donc mon Dieu que ie tombe en ruine,
I'ay mon espoir en toy, fay qu'il soit asseuré.
De mourir pour ton nom, i'ay tousiours desiré,
Et le mesme desir dedans mon cœur s'augmente,
Pour monstrer que ie suis victime obeissante
A tes decrets diuins, poursuis donc, ô bourreau,
D'excogiter encor quelque tourment nouueau
Qui me guinde là haut chez le pere celeste.

Bourreaux.

Il n'en a pas assez, puis que tant il caquette,
Voyez son corps qui est brauement decoupé,
Et encor veut-il estre mieux equipé,
Ne demande plus rien, ton mal te doit suffire,
Mais puis Dacian que de toy il retire
Sa haine: car ie suis estonné grandement,
Veu que tu es muny de sens & iugement,
Comme tu prens plaisir à souffrir tant de gestes.

S. Vincens.

I'ayme mieux supporter ces peines terriennes,

Qui

Que celles de l'enfer: car estant affligé,
Innocent ie seray dedans le ciel logé.
Dacian.
Ah! que tu en es loing: defalque de ton conte
Cette esperance là, tu deurois auoir honte
Seulement d'aspirer à la felicité,
Nourrissant dedans toy l'opiniastreté
Qui lie ta raison, va, tu en es indigne,
Et plus indigne encor ta laschete insigne,
Plustost ton cœur bouffi goustera le poison,
Que tiens enclos en soy l'infernalle maison.
S. Vincens.
Cette demeure là est pour l'ame damnee.
Dacian.
C'est pour la tienne aussi qui sera condamnee.
S. Vincens.
I'escheleray le ciel auec ta cruauté.
Dacian.
Tu iras voir Pluton par ta meschanceté.
S. Vincens.
Mon Dieu me receura estant sans malefice.
Dacian.
L'Enfer guerdonnera en tout temps ta malice.
S. Vincens.
Au declin de nos iours, Dacian en verra.
Dacian.
Ie puis faire des tiens ainsi qu'il me plaira:
He! ne cause pas tant, craignans que ie m'obstine

D'ANNA

de S. Vincens.

D'adultere à ton dam, & qui ie n'extermine
Tes erreurs en vn coup, oftez ce vicieux,
Ie fuis las de le croir pour obiect à mes yeux,
Mettez-le en prifon, mais prifon bien obfcure
Pendant que ie feray dedans moy la figure
De fon tourment fuiur, & à fin que toufiours
Ses trauaux, fes ennuis, cherchent leurs derniers iours
Parfemez le plancher de cuilleaux faits en pointe,
Et le roulez deffus cette peine conioincte,
Auec ce qu'il a eu peut eftre caufera
Vn changement d'humeur en luy ou il mourra.

Soldats.
Chemine pour aller fubir cette fentence.

S. Vincens.
Allons, car ie ne veux vfer de refiftance,
Que puis-ie fupporter en effect fur mon corps,
Qui le martyre plus.

Soldats.
       Tu iras fur les bords
Du fleuue, lui bien chercher autre demeure.

S. Vincens.
Quand mon Dieu le voudra ie fuis attendant l'heure.

Soldats.
Elle viendra pluftoft que tu ne cuide pas
Pour te faire goufter de Clotho les appas.

ACTE

ACTE QVATRIESME

Les Anges,
S. Vincens,
Les Soldats,
Dacian,
Les Bourreaux.

Les Anges.

Athlete genereux dont l'ame vrayement belle
D'vn sainct desir aspire à la gloire eternelle,
Mignon de la vertu, beau phare des mortels
Dans ce ciel là bas, & ça bas des autels.
O grand amy de Dieu, indompté Capitaine,
Du duel où tu agis la victoire t'est certaine.
Prens courage Vincent, car il faut persister
En tout ce que l'on peut de fascheux t'apprester.
Nous sommes enuoyez du grand pere celeste
Pour animer ton cœur à gaigner la conqueste.
Pour guerir tous tes maux, & puis te consoler,
Et ton cœur dans le ciel inciter à voler:

de S. Vincens.   243

Voicy le beau present, voicy le riche gage
Qui te guerdonnera si tu as bon courage,
Embrasse ce rameau, marque de tes desirs,
Et qui te conduira au plaisir des plaisirs.
Fay meriter ton chef de ce beau diademe,
Gaigne par tes trauaux la couronne supreme
Si tu as ressenti d'vn tyran les efforts,
Ne sois pas estonné, il les forge plus forts
Pour mieux te tourmenter.

S. Vincens.

O bande precieuse,
O diuins messagers, ô treuppe officieuse,
Quand auray-ie les dons que vous me presentez?

Anges.

Lors que tu les auras amplement meritez.

S. Vincens.

Esprits saincts & sacrez, que me faudra-il faire?

Anges.

Le martyre souffrir & la mort sanguinaire.

S. Vincens.

Quoy n'est-il pas [?]?

Anges.

Nenny, il ne l'est pas.

S. Vincens.

Et que dois-ie auoir plus?

Anges.

En ton corps le trespas.

S. Vincens.

Vienne

Vienne viste le iour puis que Dieu le decrette
Pour me faire iouyr de ce que ie souhaitte.

Anges.
Tu as besoing Vincens d'estre bien assisté.

S. Vincens.
Dequoy ô demi-dieux.

Anges.
De grande fermeté,
Car les fleaux mortels que Dacian recherche
Sans le secours divin te pourroyent faire breche.

S. Vincens.
Priez donc Dieu pour moy divins ambassadeurs,
Puis qu'il me faut gouster d'Atropos les ardeurs:
Vous voiez que mon corps est couvert de naureures,
De coups de gros bastons, de fouets, de decoupeures,
Et sans voz oraisons peut estre ie serois
Infirme à soustenir, & que ie faussorois
Le devoir à mon Dieu.

Anges.
Aye une foy entiere
Pour iouïr par noz mains de ta santé premiere:
Sans la foy nul ne peut meriter rien que soit,
Et qui n'a point de foy dans l'erreur se deçoit,
Il nous est commandé de rendre ta chair saine
Par ce grand Medecin de la nature humaine.

S. Vincens.
Ie suis prest d'obeir à vostre intention.

Anges.

de S. Vincens.

Et nous d'executer nostre vocation,
Et bien mon grand amy, où sera le fiancé?

S. Vincens.

En mon benin Sauueur dans la toute puissance
M'enuoye visiter comme plein de pitié.

Anges.

Recognois ce bien-fait.

S. Vincens.

Tousiours cette amitié
Ma bouche chantera, & de plus ses louanges
Au peuple Iberien aux nations estranges
Mon cœur l'adorera comme son Createur,
Mon ame encore plus dont il est Redempteur.

Anges.

Accomplis tes vœux, & reçoy cette palme
Que ce soit l'instrument qui augmente la flame
De ton espoir diuin, ne crains point la meschef,
Si tu veux heriter, & porter sur ton chef
Le diadesme exquis, la couronne immortelle,
Preparez aux humains dont la gloire eternelle,
Sois constant à souffrir, & aye ton recours
A celuy dont tu as par tes mains du secours
Il est appareillé pour te donner la vie
De l'immortalité, la tienne estant perie
Ne mets point ton espoir sur vn bonheur mondain
Car il te tromperoit, aye le en desdain,
Et tout ce qui pourroit te faire contrecarre
Pour triompher vn iour du bien qu'on te prepare

Dans

Dans le louure diuin nous allons retourner,
Et pour present dernier desirons te donner,
Le beau nom de IESVS, nom doux & agreable,
Estant dedans ton cœur te sera tousiours stable.
Puisse ainsi aduenir.

Le premier Soldat.

J'ay fait vn grand conte
Chez le dieu Phantasos, ses freres à leur tour
Ont seiourné aussi aux bords de ma paupiere:
Mais d'où peut arriuer ceste grande lumiere,
Phœbus a il desia desployé son flambeau,
Et mis ceux de sa sœur au tournalier rambeau
Il faut que cela soit, ou que quelque image
Opposée à mes yeux dedans se refugie,
Compagnons leuez-vous, c'est assez sommeillé,
Ie crains que quelque mal nous soit appareillé,
Debout donc oisemine,

Le second.

Frequens
Vincens est eschappé, nous en aurons pis pire.

Le second.

Sauue, he que dis-tu il n'en est pas besoin,
Et si cela est vray ie fuiray tant de loin,
Que iamais Dacian n'aura de mes nouuelles,
La peur que tu me fais est à me merueille.
Helas! que ferons-nous ie ne puis que penser,
Voila vn grand mal-heur, lequel se vient lancer

Sur

de S. Vincens. 247

Sur nous pour attaquer, & donner nostre vie
Au vueil de Dacian: mais, helas! ie te prie
Visitons le cachot, où il estoit serré,
Si tu n'es de cela amplement asseuré.

Le premier.

Cette grande clarté le rend assez notoire.

Le second.

Tu dois sur les poltrons obtenir la victoire,
Où seroit-il passé, il ne peut nullement
Estre sorti d'icy que par enchantement,
Mais ie ne le croy pas: car la plutoniue bande
Autre gibier que luy dans son centre demande.

Le premier.

Ne discourons pas tant, ains allons le chercher,
Car ne le trouuant pas, il se faut depescher
De faire comme luy, & de prendre la fuite:
Ie croy qu'il est sorti d'vne race maudite,
Tant il est corrompu.

S. Vincens.

Soldats venez, venez,
Chassez vostre soucy, ne soyez estonnez,
Voicy le prisonnier, deposez cette crainte,
Qui vous dauroit desia vne terrible atteinte,
Croiez pour vous escrivain, que ie ne fuiray pas:
Car i'abandonnerois les supremes appas,
Ie foulerois aux pieds la couronne celeste,
Que l'amour du grand Dieu dessus mõ chef appreste,
Couronne qui m'attend pour loyer du tourment

Que

Acte quatriesme

Que m'a fait vostre maistre en son irritement,
Ie butte à ce thresor.

    Soldats.
      Tu n'auras plus de peine,
Abandonnant ta foy pour embrasser la sienne.

    S. Vincens.
Si son appuy est là il se verra deçeu.

    Soldats.
Veux tu auoir du mal plus que tu n'as receu?

    S. Vincens.
I'ay esté consolé d'vne legion d'Anges,
Qui m'ont donné santé.

    Soldats.
      Ce sont choses estranges,
S'il est comme tu dis.

    S. Vincens.
      Or entrez mes amis
Pour me voir autrement que vous ne m'auez mis
Icy, allez trouuer vostre seigneur & maistre,
Pour luy dire l'estat où vous me voyez estre:
I'ay esté mal traitté aux trauaux, en prison,
Mais celuy que ie sers m'a donné guerison,
Que s'il est en vouloir me tourmenter encore,
Et vuider dessus moy la boite de Pandore,
Ie suis tout preparé à receuoir les feux
De ce qu'il nourrira barbare & furieux.

    Soldats.
Ton ame, adolescent, est par trop effrontee,

        S. Vin

S. Vincens.
De secours Eternel la voyant assistee,
Cela me rend hardy.
Soldats.
Ie crains que tu seras
Par trop audacieux, & te repentiras,
Quand Dacian sçaura ton propos temeraire.
S. Vincens.
Soldats si vous voulez un grand plaisir me faire,
Allez luy declarer ce que ie vous ay dit.
Soldats.
Tu es des deitez reprouué & maudit
De te precipiter ainsi de cette sorte:
Mais puis que ton desir est que ie luy rapporte
Ta resolution, il la sçaura bien tost.
Dacian.
Il faut que i'aille voir cest infernal suppost
Tenu dans mes prisons, car i'ay ceste croyance
Qu'il aura submergé au fleuue d'oubliance
Le Dieu où il croioit, s'il l'a fait, il sera
Pres de moy respecté qui tousiours l'aimera.
Soldat.
Monseigneur ie vous viens annoncer chose grande.
Dacian.
Et quoy? que ce Vincens ma clemence demande.
Soldat.
Ah! vrayement nenny.
Dacian.

Recite

Acte quatriesme

Recite vistement
Ce qui t'ameine donc, & sans dilayement.

Soldat.
C'est sa temerité, son orgueil, son audace.

Dacian.
Seroit-il endurci sans demander ma grace
Desirant voir la fin de sa perdition?

Soldat.
Iamais ne se verra vne presomption
Comme celle qu'il a dans son cerueau forgee.

Dacian.
Ay-ie pas le moyen de la rendre changee?
Oui, i'ay ce pouuoir, & voire encore plus,
S'il faut que ma fureur esclose son surplus:
Si ce meschant glouton à l'esmouuoir me porte,
Le fardeau montagneux que Sisiphe supporte
Ne sera pas esgal à ce qu'il souffrira.

Soldat.
Et que gaignerez-vous, son Dieu le guerira
Ainsi comme il a fait.

Dacian.
Sa passion recente
Deuroit bien luy donner la peur & l'espouuente.

Soldat.
Il en est deliuré.

Dacian.
Deliuré, & comment?
C'est donc par le moyen de quelque enchantement.

Soldat.

Soldat.
A ne porte sur soy aucune cicatrice.
Dacian.
J'attesse Iupiter auant que ie souffrisse
Cet impudent vser enuers moy de mespris
Que ie perdray le sens, la raison les espris,
Mais qui luy a donné de santé iouissance?
Soldats.
Ie vous le conteray selon la cognoissance
Que i'en ay peu auoir, la dame au front d'argent
Auoit presque couru d'vn pas fort diligent,
Le mobile premier, quand Morphee qui priue
Les humains de soucy, dessus les yeux arriue
De nous autres soldats, excepté seulement
Moy qui veillois gardant vostre commandement
Proche de la prison, où soudain vint par oistre
Vne clarté croyant au midy du iour estre,
Cela me fit frayeur à son abord premier:
Car ie tensis certain que nostre prisonnier,
Pour auoir liberté, auoit choisi la fuite,
Mais escoutez comment a esté ma conduite,
En cette extremité i'esueille promptement
Ceux qui chez Phobetor dormoyent, & vistement
Nous voulions commencer de faire la recherche,
Quãd Vincens nous appelle, & par sa voix empesche
Le cours de tels esmois qu'il nous auoit donnez:
Et moi & les soldats tout en tout estonnez
Croians qu'il fust fuy, mais ces mots il profere,

M

Acte quatriesme

Où auez vous l'esprit soldats, voulez vous croire
Que mon cœur soit remply d'vne timidité
Pour perdre le thresor à mon chef apresté
Des couronnes du ciel, ah! c'est mon esperance,
Vostre maistre peut bien surcroistre ma souffrance,
Et torturer mon corps: mais il n'aduencera
Rien, ains me tourmentant du bien il me fera.
Puis il nous fit entrer dans sa triste demeure,
Et veismes que son corps n'auoit nulle blesseure,
Bref pour dernier discours il nous dit que son Dieu
Luy auoient enuoyé ses Anges sur le lieu,
Lesquéls l'auoyent guery.

Dacian.

    Tout ce que tu raconte
Est donc pour mon mespris, & pour bastir ma honte,
Par mes Dieux non sera, plustost ie gousteray
D'Atropos le venin, ou ie le dompteray.
Quelque chose a rendu cet homme cacochime,
Qui me despite ainsi sans faire nulle estime
De ma seuerité, ô siecle perilleux,
D'auoir produit en toy ce crocodil nilleux.
Vous voiez maintenant si son ame est deceuë
De mettre son appuy en vn Dieu qui le tue,
Qui demande sa mort, & prend tout son plaisir
De voir souffrir les siens, ô damnable desir,
Mourir pour ce Iesus qui n'a point de clemence,
Comme requiert cet homme en son adolescence.
Ie veux encore vn coup essayer de l'auoir

D'a

de S. Vincens.

D'amitié & douceur, sinon ie feray voir
Le danger qu'il y a d'allumer la furie
De ses superieurs, faites moy ie vous prie
Icy dresser vn lit pour le faire coucher,
Il sera insensé en se voulans toucher
Le cœur d'honnesteté, s'il ne quitte & abhorre
Celui là, pour lequel sa paupiere il veut clorre.
Puis le faites venir, & en le conduisant
Monstrez luy s'il vous plaist vn visage riant,
Depuis que les moteurs de la voute arondie
Par leur divine main l'eurent faite & bastie:
Nature n'a iamais produit & enfanté
Vn homme tant confit à l'opiniastreté.
Tous vont fuiant la mort, celui-ci la demande,
Mais s'il ne m'obeit il l'aura, qu'il l'attende
Auec le chastiment qu'il merite d'auoir:
Ca le voicy qui vient, ie commence à le voir,
Il faut le deuancer en monstrant bonne mine:
Mon amy tu sçais bien que la bande diuine
Nous fait naistre icy bas à vne intention
Sur toutes à loüer, c'est la deuotion
Que nous deuons auoir vers leur majesté hante,
Et qui ne l'a en soy comme s peché, fait faute:
Tu sçais encore plus que l'empire puissant
Des Monarques Romains en tout bien florissant
A esté conservé par leur bonté supresme,
Et que iamais son los n'aura aucun extreme.
Les peuples Leuantins ses drapeaux ont receu,

M 2

Et les Occidentaux sont auec ce consens,
Le Midi est le prix, l'honneur de sa victoire,
Et le Septentrion ne chante que sa gloire,
Bref l'empire Romain est le plus precieux,
Qui se verra iamais sous le globe des cieux:
Or Diocletian possedant cet empire,
Recognoissant ces biens, dedans son cœur desire
Tous ses peuples auoir mesme religion,
Craignant auec le temps que la diuision
Ne change son estat, partant, Vincens reiette
Ce que tu as forgé cette nouuelle secte:
Approuue ses decrets si tu desire en toy
Estre vn iour carressé pres de luy ou de moy
Tu n'as point reposé toute cette nuictée,
Cela rend au sommeil ta paupiere incitée,
Voicy vn lit pour toy: va donc prendre repos.

S. Vincens.

Mon bien n'est pas compris en tes fardez propos.

Dacian.

Dis moi donc franchement ce que ton cœur souhaitte,
Et quand ie le sçauray, ie te iure & proteste
Que tu en iouyras.

S. Vincens.

Dacian tu n'as rien
Comparable à cela, où i'espere mon bien:
Cuides-tu que ie fausse à mon Dieu ma promesse,
Me laissant emporter à ta voix piperesse,
Submerge cet espoir.

Dacian.

de S. Vincens.

Dacian.
                    Tu appette vn hazard,
Qui te sera fasfheux, & dois auoir esgard
De conseruer tes iours.

S. Vincens.
                    La vanité du Monde
Te fait ainsi parler.

Dacian.
                    C'est là que ie me fonde
Comme bien souuerain, & me dois imiter.

S. Vincens.
Mais pire qu'vn damné ie te dois detester.

Dacian.
Ie voy bien qu'il faudra retourner en furie
Contre cet endurcy: car quoy que l'on luy die
Il ne s'esmeut iamais, parlez luy d'amitié,
Remonstrez luy qui doit auoir de soy pitié,
Tout luy est à mespris, il n'a point de parole,
Il ne veut que le Christ où son ame se colle.

S. Vincens.
Si ton amour alloit mon salut desirant,
Vers elle Dacian ie m'i lois retirant:
Mais tu me veux loger dans l'orque Plutonique.

Dacian.
Regardez ce meschant qui d'iniures me picque,
Ose tu proferer, & dire que ie veux
T'enuoyer habiter dans les antres larneux,
Te faisant adorer, & faire sacrifice

M 3

Acte quatriesme

à noz dieux protecteurs, ce sera ta malice
Perfide desloyal, & non pas mon conseil.
Ie desire à present de sçauoir si son vueil
Veut esgaller le mien, il faut que ie le sçache.

S. Vincens.

Ie n'ay iamais voilé, encore moins ie cache
Ma resolution, & ie te la diray
Pour la derniere fois.

Dacian.

Ah! ie te cheriray
En tout de tout mon cœur, pourueu que tu apprenne
Ce que veut l'Empereur & moy.

S. Vincens.

Ie le reprouue,
I'ay en horreur aussi voz superstitions,
Voz idoles peruers, & leurs seductions.

Dacian.

Ne recognois tu pas les puissances hautaines?

S. Vincens.

Ouy, ie les cognois imaginaires, vaines.

Dacian.

Tu te rends criminel contre leur maiesté.

S. Vincens.

Celuy n'offense point qui dit la verité.

Dacian.

Daigne te conformer à la loy du Monarque.

S. Vincens.

S. Vincens.
Pourueu que l'equité elle porte pour marque,
Chacun y est tenu: mais celui qui la voit
D'iniustice abonder ne peut encor, moins doit
Les approuuer en rien, comme ie ne veux faire.
Dacian.
Veux tu estre constant en ce que tu proferes?
S. Vincens.
Ouy iusqu'à la mort.
Dacian.
Empoignez ce glouton
Sorty, comme ie croy, du pur sang de Pluton,
Et le faites souffrir, par tous les dieux ie iure,
Que tes iours finiront payant ta forfaiture.
Se rebeller ainsi contre son gouuerneur,
Des edits de ton Roy estre aussi contemneur:
Monstre tu pas auoir vne ame ensorcellee,
Ton esprit esgaré, & ta raison voilee.
Ah'ie feray changer ton debile cerueau,
Te faisant expouser à vn tourment nouueau:
Il ne s'est iamais veu supplice en sa naissance
Si cruel que sera le tien dedans Valence,
Tu seras en horreur à toutes nations.
S. Vincens.
A se gorger de sang tendent tes actions,
Boy viste tout le mien, à fin qu'il t'assouuisse,
Et si ce n'est assez que ma chair te nourrisse.

M 4

Dacian.
Tu es desesperé sans auoir enduré.
S. Vincens.
Tu te trompe beurreau, ie suis plus asseuré
A souffrir tes efforts que tu ne les inuente.
Dacian.
Tu m'outrage peruers d'une voix mesdisante,
Et bien, bien effronté cela augmentera
Le feu de mon courroux quand on te traittera:
Mais auant que d'ouyr ta derniere sentence
Sers toy de ce moment pour auoir ma clemence.
S. Vincens.
Sans crime ie ne puis ta grace requerir.
Dacian
Puis que ie pers le temps pour ta vie cherir,
Voicy ce que ie veux, qu'on lie ta carcasse
Dessus vn gril de fer, & puis que l'on le face
Rostir sur les charbons: mais rostir tellement
Que ie voye ta fin par vn suffoquement,
Et comme tu seras grillé en cette sorte,
Ie veux faire saouler de ta charongne morte
Les loups & les Lyons, ainsi tu finiras
Ta vie, ton erreur, & chez Minos iras.
S. Vincens.
Ah! mon Dieu quel arrest, quelle rage inhumaine.
Dacian.
Ton delit malheureux merite plus de peine,
Voila, voila que c'est d'estre trop endurcy,

Et de ne vouloir pas implorer ma mercy:
Va, deiestable, va receuoir le salaire
Sur ces charbons ardens de ton cœur temeraire,
Les enfers sont beants, à fin de t'engloutir,
Soldats depeschez vous de le faire partir,
Comme i'ay decerné, qu'il ayt ce delice,
Qu'vn tel seditieux sous mon pouuoir finisse
Ce qu'il croit & ses iours.

Les Bourreaux.

Sus meschant garnemens
Il se faut preparer pour porter ce tourment.
Ah! tu eusse bien fait de te rendre ployable
Au vueil de Dacian, lequel d'vn cœur affable
Ton bien, comme pour soy, a tousiours recherché,
Et t'exempter du mal dont tu seras touché:
Mais puis que cela est pense à ta conscience.

S. Vincens.

Las! fauorisez moy d'vn peu de patience,
Afin que par ma voix s'implore le secours
Du Dieu que ie soustiens en mon funebre cours:
Quand ie luy auray fait de bon cœur ma priere
Exercez sur mon corps ce que vous deuez faire.

Les Bourreaux.

Parlez luy vistement nous ferons cependant
De ce bois allumé vn grand brasier ardant,
A fin de te traitter

Acte quatriesme

S. Vincens.

O bonté souueraine,
Qui auez tout creé pour la nature humaine,
Eternel tout puissant, mon Dieu, mon createur
Iettez les yeux çà bas sur vostre seruiteur,
Sur moy que Dacian a donné à la pille
A ses cruels bourreaux, au feu, à cette grille,
C'est pour estre fidelle à vostre maiesté
Que ce feu violent est pour moy appresté.
Or puis que ie souftiens vostre diuine essence,
Venez pour m'assister au fort de ma souffrance,
Vous me direz Seigneur, que ie suis tout souillé
De peché, & encor de bien fait despouillé:
Ie confesse cela, mais si vostre clemence
Attend que le pecheur auec la repentance
S'humilie à voz pieds, approuuerez vous pas,
Que ie me donne à vous estant sur mon trepas,
Sur le poinct de quitter le mondain horison,
Et gouster de Chothon la mortelle poison?
Ouy, mon Dieu, ouy vous estes trop clement,
Pour donner voz esleuz à l'enfer inclement:
Car si vous regardez à l'offense des hommes,
Et principalement au siecle où nous sommes,
Sur tout à mes pechez, comment mon bon Sauueur
Pourrois ie meriter sur moy vostre faueur?
Helas mon Dieu, nenny, ie serois trop debile,
Mais ainsi que pecheur vicieux & fragile
Ie demande pardon, mes larmes & mes pleurs

Vous

Vous peuuent tesmoigner quelles sont mes douleurs
D'auoir commis pechez, monstrez vous debonnaire,
Et me donnez le fruict de vostre mort amere,
Qui a esté pour moi, & pour me rachepter,
Tant & tant de pecheurs se sont venuz ietter
Deuant vous, & ont eu vostre misericorde,
Cela me rend hardi fait que ie vous aborde.
Ie ne demande pas estre exempt de mourir,
Ains aller dans le lieu celeste me nourrir,
Où tant de saincts martyrs ont acquis leur repaire
Glorieux & sans fin, c'est le but où i'espere:
Ie ne crains point ce feu; car, mon Dieu, ie sçay bien
Que vostre bras puissant en vn moment, vn rien
M'en pourrois deliurer, plustost comblé de ioye
Loüant vostre sainct nom ie veux que l'on me voye
Au milieu du tourment, les iouuenceaux iettez
Dans vn forneau ardent, sans estre molestez,
Vous auez garenty, la trouze Israëlite
Que le Legislateur auoit sous sa conduite
Trauersa d'vn pied sec le cataclisme d'eaux,
Où Pharaon bastit de ses gens les tombeaux.
Qui lui donna ce bien? ce fust vostre amitié:
C'est pourquoy mon Sauueur ayez de moi pitié
Il me faut endurer donnez moi bon courage,
Ne permettez iamais que ie face naufrage
Dedans le desespoir, ouurez, ouurez les cieux
Pour receuoir mon ame au louure precieux.
Elle se donne à vous, donnez lui pour conduitte

Acte quatriesme

Vostre esprit pour dompter ce cruel exercite:
Vous auez dit Seigneur, qui me confessera
Cà bas chez les humains, le bien mesme il aura,
De ma bouche là haut arriuant chez mon Pere,
C'est pour vous confesser, que mon heure derniere
Arriue auant le temps: parquoy verbe Eternel,
Faites que vostre amour vers moy soit supernel,
Et apprestez vos bras pour embrasser mon ame:
Car pour le corps il est destiné à la flame
De ce feu allumé, & pour son grand moteur
En mes maux, en ma mort soyez mon protecteur,
Moyennant vostre appuy, mon Dieu ie delibere
Iusqu'au dernier souspir publier vostre gloire:
Vous pouuez carnaciers de mon corps disposer.

Les Bourreaux.

Il faut premierement cette grille espouser,
Et te coucher dessus, c'est vn lict delectable.

S. Vincens.

Ah! vraiement c'est vn lict bien triste & lamentable
Auide de repos dedans moy desiré:
Peuple qui me voiez en ce lieu martyré
Sur le poinct de quiter ce val plein de misere,
Faites vostre profit de ma douleur amere,
Si vous voulez auoir les benedictions
Du ciel il faut souffrir les persecutions:
Ce n'est pas pour auoir perpetré aucun crime
Que ie suis exposé ainsi qu'vne victime

A ces charbons ardents, ains pour garder la foy
Que ie doy à celuy qui me tire auec soy.
Delaissez cet erreur qui fais perdre vostre ame,
Embrassez mon Sauueur, desirez le dictame
De son sainct Paradis, si vous estes portez
A ce qui est du Monde & à ses vanitez,
Vous serez dans l'Enfer vne fin bien funeste.

Les Bourreaux.

C'est assez escouté ton discours plein de peste,
Reçoy meschans, reçoy le fruict de ton orgueil,
Et te bruslant deuale en l'infernal escueil.

S. Vincens.

IESVS, IESVS, IESVS.

Les Bourreaux.

Il fait la sourde escoute,
Prens courage ie voy ta graisse qui degoute.

S. Vincens.

Ah! quelle cruauté punir vn innocent.

Les Bourreaux.

Voila que de bien viure, & estre obeissant.

S. Vincens.

I'obey à mon Dieu, non pas à vostre maistre,
Qui deuroit estre icy, à fin de se repaistre,
Comme vn tigre cruel, sur mon corps tout grillé.

Les Bourreaux.

Tu es recompensé d'auoir trop babillé.

S. Vincens.

Mon Dieu ie ne puis plus supporter cette peine.

l'Ange.

L'Ange.
Courage mon amy, voila la belle estreine
Qui recompensera ta grande fermeté:
Tu seras tost au bout de ceste cruauté,
Implore ton Sauueur, inuocque le sans cesse,
Il changera tes maux en ioye & allegresse.
S. Vincens.
Son bon plaisir soit fait, IESVS à mon secours,
Le parler me defaut en ce penible cours,
Ie me sens suffoquer de ma graisse fumante.
L'Ange.
Monstre iusqu'à la fin que ton ame est constante.
S. Vincens.
En voz mains mon Sauueur mon esprit ie remets.
L'Ange.
Aye dedans ton cœur son nom pour tout iamais.
Les Bourreaux.
Les animaux gloutons auront bonne curee,
La chair de ce peruers estant bien preparee,
Comme ils la trouueront, allons leur exposer:
Puis cela estant fait nous irons reposer.

ACTE

ACTE V. ET DERNIER.

Dacian,
Soldat,
Tourbe Chrestienne.

Dacian.

MOn galant, mon galant a payé le peage
A la dame qui a vn pasle & froid visage,
Mes satellites sont traittés comme il falloit,
Bruslans auec son corps le fiel qu'il receloit,
Le nautonnier Caron sur l'onde Stygienne
Luy a fait voir desia la plaine Elisienne.
Chacun profitera de sa punition,
Cela empeschera que la sedition
Ne regnera pas tant, ainsi comme l'on pense,
Et sur tout s'il y a des mutins dans Valence
Ils seront diuertis d'auoir veu son tourment.
Sarragosse & Oscha auront pareillement
Crainte de m'offenser, & s'il se trouue encore
Quelqu'vn dans leur circuit qui ne rende, & honore

Acte cinquiesme, & dernier

Le respect, & denoir, que l'on doit à noz Dieux,
Pour eux ie chercheray des maux plus furieux
Que n'a souffert Vincens, car si ie les espargne,
L'Empereur aussi tost me chassera d'Espagne,
Exempt de tout honneur, ie suis donc resolu
De n'endurer iamais que l'on rende pelu
Les temples, les autels des puissances diuines,
Qui ont à nostre bien tousiours esté enclines.
Or voicy vn soldat qui vient diligemment,
Ie veux sçauoir pourquoy qui te fait promptement
Venir par deuers moy.

Soldat.
Vne chose nouuelle
Qui ne se vit iamais dans l'vniuers.

Dacian.
Et quelle?

Soldat.
Les Lyons, & les Loups, n'ont pas eu le credit
De manger le Vincens comme estoit vostre edit.

Dacian.
Qui les a empeschez de prendre leur curee?

Soldat.
Vn oiseau dont la plume est de noir coloree.

Dacian.
Quoy? seroit-ce vn corbeau?

Soldat.
Ouy certainement.

Dacian.

Ie

de S. Vincens.

Ie ne croy pas cela, declare moy comment.

Soldat.

Apres auoir ietté son corps dedans la place
Où des corps criminels on pose la carcasse,
I'ay esté curieux de voir si promptement
Les animaux auroyent fait ce deuorement:
Apres auoir esté vn peu en sentinelle
Sur la plaine ie iette, & lance ma prunelle,
Et voy venir vn Loup, & vn Lyon irez
Qui auoyent mille feux dedans leurs yeux tirez.
Or comme ils approchoient pres la charongne morte
De cet homme, voicy que ma veuë se porte
En l'air où i'apperçoy volleter ce courbeau,
Lequel vint où Vincens reposoit sans tumbeau.
Ces gloutons animaux vouloient donner attaque
A ce corps deualé chez la mortelle parque:
Mais à grands coups de bec il les a repoussez
Sans prendre leur repas.

Dacian.

Quoy il les a chassez,
Mon amy cela est vne chose inuentee.

Soldat.

Iamais la verité ne fut mieux inuentee.

Dacian.

Ie voy bien ce Vincens, & ses temeritez
Auoyent esté forgez dans les noires citez,
Puis qu'il est preserué par vn oiseau nocturne:
Mais si apres sa mort encore il importune

De ma seuerité les efforts differents,
Ne se contentans pas de mes ireux tourments
Pour le dernier bienfait que ce rosti merite,
Iettez son corps au sein de la bleuë Amphitrite,
Et pour le mieux plonger attachez à son col
Vne rouë massiue auec vn gros licol:
Les vassaux differents de Thetis la deesse
Dans leur centre moiteux seront pleins d'alegresse
Banquetant de sa chair, ie vous prie instamment
Que tost i'aye l'effect de ce commandement.

Le premier de la tourbe Chrestienne.

Souffrirez vous tousiours, ô grand Dieu debonnaire,
Tomber dessus noz chefs la douleur, la misere:
Porterons nous tousiours de voz punitions,
Le comble sur le dos & les afflictions?
Helas! ie croy que non, vous aurez souuenance
De nous cherir encor comme vostre semence.
Que serniroit Seigneur de nous auoir formez,
Et iusqu'à maintenant si doucement aimez,
Si vous nous delaissez comme brebis errantes
Exposer aux ennuis, & aux dures tourmentes?
He! que deuiendrons nous, si tirant vostre main
Il faut souffrir les feux d'vn barbare inhumain.
Vostre Eglise a esté glorieuse en batailles,
Mais elle est sur le poinct d'entrer aux funerailles,
Vous le voyez Seigneur, & que destituez
De tout humain secours voz supposts sont tuez.

Voicy

Voicy vn corps rosti,qui en sçauroit que dire,
Ie sens dresser mon poil, meditant son martyre:
Mais martyre inouy, martyre plein d'horreur,
Et qui peut aux enfers donner de la terreur.
O siecle mal-heureux faut il que tu nourrisse
En Ibere vn barbare, à fin qu'il assouuisse
Sa rage dans le sang des hommes consacrez
Pour le culte diuin, & qu'il a massacrez?
Las! ouy tu le sais, & la puissance haute
De Dieu l'a decreté chastians nostre faute.

Le second.

Pour cela voirement tant de punitions
Nous talonnent de pres, & tant d'afflictions,
Lors que l'Eternel voit que nous quittons la voye
De ses edits diuins, c'est alors qu'il desploye
Les instrumens qui sont pour nostre chastiment,
Mais tout plein de bonté il le fait doucement:
Car s'il nous punissoit selon nostre merite
Nous aurions desia creu l'infernal exercite.

Le premier.

Las! ie sçay bien cela, mais cet adolescent
A endurè la mort, quoy qu'il fust innocent.

Le second.

Dieu le vouloit ainsi pour demonstrer sa gloire,
Et quand il luy plaira il en peut autant faire
De nous qui l'adorons: bé qu'il est satisfait
D'auoir escaladé le ciel comme il a fait.
Où es-tu maintenant sainct & Royal Prophete?

Acte cinquiesme, & dernier

Voicy le iour qu'il faut que tu cries & trompette,
A fin de declamer contre les gens tenuz
De pechez, qui au parc du Seigner sont venuz
De son temple, ayant fait une maison polluë,
Et pour mieux assouuir leur cruauté conceuë
Ils ont sans nul pardon à tort fait exposer
Le corps que nous voyons sur ce lieu reposer
A la dure mercy des bestes deuorantes:
Mais ils se verront loin de leurs fieres attentes,
Le Dieu puissant & fort prendra dedans sa main
Une barre, & rompra leur dessein inhumain,
Ainsi comme on feroit un vase, ou pot de terre:
Car inutilement on luy liure la guerre.
O siecle depraué rempli de cruauté,
O siecle trop felon plein de desloyauté
Seras-tu satisfait d'auoir veu le carnage
Auiourd'huy exercé d'une damnable rage
Sur cet amy de Dieu? las! ie crains que nenny,
Et que tu nous vas voir comme un peuple banny
D'infortune chargez, mais la bonté immense
Du grand Dieu d'Israël sera nostre defense,
Aide, appuy, & support, ouy Seigneur en toy
Nous auons tousiours eu, & aurons nostre foy.
Voy ta pauure Sion qui sans cesse lamente
Contemple de tes yeux la tempeste recente,
Qu'elle vient de souffrir, cesse de l'affliger:
Ains Seigneur, ains Seigneur, daigne le soulager,
Retire ton courroux, desployé sa clemence,

Donne

de S. Vincens.

Donne nous le moyen de faire penitence,
Nous te crions mercy devots & à genoux
Pour tout ce peuple là, & encore pour nous:
Distille sur noz chefs les torrents de ta grace
Iusques venant le iour que nous verrons ta face
Dans ton louvre divin, car nostre ambition
Est d'auoir en tout lieu ta benediction.

Le premier.

Il nous la donnera, mais troupe Chrestienne
Vous sçauez le subiect qui en ce lieu nous meine,
Ne le differons plus, & pour nous acquitter
Du respect que ce corps sainct a peu meriter
Donnons luy le manoir qu'au bien vivant on donne,
Quand arrive le iour que l'ame l'abandonne.
Si nous auons le soing de mettre au monument
Ce martyr que l'on a traité cruellement,
Le ciel guerdonnera vostre æle charitable,
Permettant que noz corps receuront le semblable.

Le second.

Son bon plaisir soit tel, & vous donne Auditeurs
Ce que nous desirons pour nous autres Autheurs.

F I N.

LE MARTYRE
DE SAINCTE CATHERINE,

A Reuerend Pere en Dieu Messire François le Lieure Abbé & Seigneur de Cruas, Baron des Tourettes.

Evx choses m'obligent à vous partager vne partie de mes labeurs: la premiere vostre merite, l'autre la proximité des Prouinces qui nous ont esclos: Agreez donc s'il vous plait le martyre de cette diuine Amazone saincte Catherine, dedans lequel vous contemplerez la profondité des sciences,

ces, qu'elle auoit humectees à l'escole spirituelle de la diuinité, desquelles elle triomphe auec tant d'heur, qu'elle meine vn nombre infini d'ames dans l'asyle où elle desiroit porter la palme de só martyre, comme elle fait sur la fin de l'histoire, deuácee par Faustine Imperatrice d'Alexádrie: vous sçauez, selon l'opinion des Philosophes, que toutes choses recherchent la source de ce qui leur est naturel, cette Vierge pleine de deuotion se vient presenter au canal de la vostre, à fin que sous le torrent de ce qui fait rayonner vostre merite depuis Thule iusques au Nil elle chemine asseurement dans la barque Françoise. Si vous luy permettez

que

que sous voz faueurs ellburine sa
constance au cœur des ames Chrestiennes, ce sera desbonder vostre
benignité en son endroit, & de celuy encore qui a fait le modelle de
ses actions vniques en vertu; c'est

Monsieur,

Vostre tres-humble Seruiteur
BOISSIN.

LES ACTEVRS.

Maxence, Empereur,
Le Heraut,
Tourbe d'Alexandrins,
Saincte Catherine,
Messager,
Les Orateurs,
L'Ange,
Faustine Imperatrice,
Porphirio Capitaine,
Les Soldats,
Chursasadem Capitaine,
Chœur de filles Alexandrins,
Chœur de femmes,
Les Anges.

ACTE PREMIER.

Maxence, Empereur,
Le Herault,
Tourbe d'Alexandrins,
Saincte Catherine,
Messager,
Les Orateurs,

Maxence commence.

Les dieux immortels pleins de benignité
M'ont fait iouyr les biens d'imperialité,
Si tout l'honneur des Rois, Empereurs, &
    Monarques
Est subiect au tribut des filandieres parques,
Si l'estre, dis-ie, encor des Princes potentats
Souuent se voit perir, & mesme leurs estats
Que Neptune est solide au fort d'vne tourmente,
Voire plus que les Rois en leur gloire puissante,
Le bien le plus certain où l'on se doit fier,

de saincte Catherine.

Est donc celuy des dieux qu'il faut glorifier,
Ce sera le seul but que la fin de ma vie
Choisira, leur bonté à cela me convie,
Parce que mon renom, mon los, & mon pouuoir,
Et l'empire puissant, auquel on me peut voir,
N'ont point d'egalité, ie ne veux qu'on publie
Possedant tous ces biens que mon deuoir s'oublie:
L'on me reputeroit vn ingrat endurci,
Homme sans iugement, de raison obscurci,
Moi qui a subiugué presque toute l'Itale,
Et qui suis Empereur dans ma terre natale,
Qui puis encor gaigner par l'aide de mes dieux,
Les Princes obstinez d'vn orgueil vicieux.
Ie puis, voire ie puis pousser mon los sans borne,
Ou l'aurore premier de sa lueur nous orne
Du costé où Phebus lassé se va coucher,
Personne ne veut pas à mes honneurs toucher,
Et si l'on fait ça bas d'vn quadrangle la forme,
Ma gloire s'y verra à toute autre vniforme.
Ie suis craint au Midy, ses peuples basanez
Redoutans ma fureur se voient estonnez.
O grãds dieux ie veux dõc tãt de biens recognoistre,
Dont vous auez voulu vers moi prodigues estre,
Cela est resolu, telle est ma volonté
De creer vn edit, dans lequel soit porté
Ample commandement à ceux de mon empire
De vous sacrifier, & si de contredire
Quelqu'vn entreprenoit, transgressant mon edit

Il ne pourra trouuer enuers moi nul credit,
Fut il mon mieux aimé, & ma propre femence,
Il mourra en faifant à mes edits offenfe.
Le clien eſt tenu d'agreer le proiect
Que veut le Prince auquel de droict il eſt subiet
Meſme expoſer ſes iours pour maintenir la gloire
Des lauriers martiaux qui viennent de victoire,
Sur tout quand il s'agit d'une bonne action,
Ie ne reſpire rien que la deuotion
Du grãd Dieu làce eſclair, qui foudroye & qui tône,
Et des autres auſſi qui gardent ma perſonne.
Leurs autels qui n'ont point eſté ſacrilegez
Seront couuerts du ſang des taureaux egorgez,
Mars y partagera qui fait deſſus la terre
Trembloter l'eſtranger craignant mon cimeterre,
Neptune & ſa Thetis dominateurs des eaux
Qui ont ſi bien conduit mes floſlotans vaiſſeaux
Auront leur part ion. bref i'auray de leur gloire,
Et à le diuulguer encline ma memoire.
Or ſi i'ay ce deſſein dedans mon cœur conceu
De mes ſubiects il faut qu'il ſoit bien toſt receu,
Enuoiant des berauts de Prouince en Prouince.

ſeigneurs   Le Heraut.

Monarque tres-puiſſant braue & genereux Prince
Me voici diſpoſé pour vous ſeruir en tout,
Et s'il faut voyager de l'un à l'autre bout
De l'element poudreux, i'auray bien le courage
Sous voſtre authorité de faire ce voyage:

C'eſt ainſi, c'eſt ainſi qu'il ſe faut eſmouuoir
Au ſeruice des Dieux, & faire ſon deuoir
De les entretenir auec des ſacrifices
Pour mieux les inciter à nous eſtre propices.

l'Empereur.

Sus herault mon ami il te faut tout noyer,
Mon empire faiſant mon vouloir publier,
Premierement commande à tous les chefs de guerre,
Ou autre qui tiendra ſous mon nom quelque terre,
Aux gouuerneurs auſſi des villes & citez,
Qui ont receu de moy tant de felicitez:
Non à eux ſeulement, mais pour plus court le faire
Quel qu'il ſoit grand, petit, laboureur, mercenaire,
Qu'ils grauent dans leur cœur mon S. vœu entrepris,
Et que leurs vueils au mien puiſſent eſtre compris:
Voici donc mon edit, ma loy, mon ordonnance
Que ie veux en faiſant aux dieux recognoiſſance
De leurs douces faueurs, aſſiſtance & conſeil
Pour leur ſacrifier il facent appareil,
Et ſelon leurs moyens, dignitez, & merite
A ces actes pieux vn chacun d'eux s'excite
Se venant preſenter deuant ma maieſté,
Pour voir s'ils ſont enclins à mon vueil decreté:
Amenans des moutons, bœufs, taureaux, & geniſſes
Et des oiſeaux auſſi pour ces ſainéts exercices:
Voila le contenu de ta commiſſion.

Le Heraut.

Ie la mettray bien toſt en execution

Ne voulant rien cherir sinon vostre seruice.
l'Empereur.
Cet aage où nous viuons cherchans du mal la lice
Fait qu'il y a tousiours des desobeissans.
Le heraut.
Les dieux & vostre estat iroit en trahissans,
Si quelqu'vn contredit, vous auez la puissance
De le faire punir, ou vser de clemence.
l'Empereur.
Ie n'en vseray point, mais la seuerité
Sera mon seul appas pour la temerité
Qu'auront tels impudents, & n'y aura supplice
Qu'ils ne souffrent, à fin de punir leur malice:
Quitte ce souci là sans te rendre arresté,
Quand tu retourneras i'auray tout appresté
Ce que i'ay destiné pour faire sacrifice.
Ie te commande plus, fay moy ce bon office
D'amener tous ceux-là qui seront retenuz,
Pour les emprisonner dedans des ceps tenuz.
Le heraut.
Ie ne manqueray pas, car rien ie ne souhaitte,
Que rendre en vous seruant vostre volonté faite:
A Dieu mon Prince, à Dieu.
l'Empereur.
Mon cœur est tout ioyeux
De voir que ce heraut est tant officieux,
Rempli de bon vouloir, ardeur & diligence,
Pour faire que chacun me rende obeissance:
C'est vn acte tresbon d'obeir à son Roy.

Vers lequel on n'à deu iamais fausser sa foy:
Les Rois sont mis des dieux icy bas sur la terre,
Pour rendre à soin iamais immortelle leur gloire.
Les cieux donnent aux Rois le beau sceptre doré,
Et du nom d'Empereur m'ont rendu honoré,
Ils veulent qu'icy bas à leurs oingts on refere
Honneur, ainsi qu'au ciel chacun leur en doit faire,
Le ciel est protecteur des Monarques puissans,
Les pouuans exempter des tributs palissans:
Mais pour auoir leurs dons il conuient leur complaire,
Estans prompts à donner, & tardifs à colere:
Ie les imiteray faisant comme ils ont fait
Vers ceux qui mes statuts garderont en effect,
Et ceux qui en feront soit peu ou point d'estime
Sentiront la faueur d'un Prince qu'on anime.
Vn Monarque enuieux qu'on garde ses statuts
Doit rendre les mutins terrassez, abatuz:
Mais voicy mon Heraut qui a fait diligence,
Mes subiets sont ils prests à mon obeyssance?

Le Heraut.

L'on ne verra iamais peuples, ne nations
Plus zelez & remplis d'ardeur d'affections,
Que les Alexandrins, & ceux en vostre gloire
A graué ses valeurs au temple de memoire
Enuers leur Empereur, les vieillards & chenuz
Veulent d'un pied dispos estre premiers venus:
Bref i'admire l'amour que le peuple vous porte,
Amour qui ne se peut passer en nulle sorte

Vous en effect l'effect qui vous contentera.
l'Empereur.
Attendant que quelqu'vn icy arriuera
Cent & trente taureaux ie veux que l'on appreste
Pour les tuer premiers, & commencer la feste;
Cela incitera mes Princes d'augmenter
Leur feureur & mon vueil de mesme contenter.
Tourbe d'Alexandrins.
Le Prince se nourrit d'vn saueureux delice,
Quand il voit ses subiets viure soubs sa police,
Et obseruer soigneux ses edits & statuts,
Cela monstre qu'ils ont leurs cœurs tous reuestus
De bonne volonté : mais quand le populaire
Son opiniastreté veut poser pour repaire
Dans vn estat royal pour troubler son repos,
Au lieu d'y voir regner la iustice à propos :
Il n'y a que debats & discorde & noise
Nous qui n'auons iamais commis rien qui deplaise
A tous noz Empereurs, viuans dessous leurs loix,
Le soing nous a guidez d'obeir à leur voix,
Nous, dis-ie, qui viuons sous le puissant Maxence
Venons mettre en effect sa louable ordonnance
Curieux d'auoir part à ses intentions.
Le second Alexandrin.
Son edit commandant à toutes nations
De se trouuer icy dedans Alexandrie,
Afin qu'aux deitez on sacrifie & prie
M'a fait cheminer, mais le voicy venir,

Puisse

Puisse tousiours le ciel son Empire benir,
Allons le saluer, car ce denoir est nostre.

Le premier Alexandrin.

Monarque tres-puissant inegal à tout autre
Cheri dedans le ciel, admiré des humains,
Qui portez glorieux vn beau sceptre en voz mains,
Empereur dont le nom, la valeur, & les armes,
Les assauts, les combats, les genereux gendarmes
Font trembler l'vniuers, nous venons vous offrir
Noz personnes, noz biens, & voz edits souffrir.
S'il est besoing, ô Roy, d'exposer nostre vie,
Le respect qu'on vous doit à cela nous connie
D'obseruer voz edits, le peuple est resolu,
Honnorant voz desseins d'un honneur absolu,
Tout porté de mourir sous vostre obeissance:
Nostre fidelité a donné cognoissance
De ses plus beaux effects à vostre majesté.

l'Empereur.

Vous auez enuers moi loyaux subiets esté,
Faites tousiours ainsi, car ma main liberalle
Vn iour guerdonnera cette amitié loyalle,
Lors que l'occasion vers moi s'adressera.

Le second Alexandrin.

Iamais aucun de nous, Prince, ne cessera
D'auoir ce soing au cœur.

l'Empereur.

Cela est ma creance
Maintenant il ne faut qu'à nulle chose en pense

Acte premier

Si non prier les Dieux nous departir leurs dons.

Le second Alexandrin.

Vous voyez que cela aussi nous demandons,
Et noz taureaux sont prests pour servir de victimes.

l'Empereur.

Sus allons commencer noz actes si sublimes,
Mes peuples sont venus, & sans plus reculer
Faisons premierement mes taureaux immoler,
Puis tous les animaux de ma tourbe sujette,
Et tuant les oiseaux, nostre œuvre sera faite,
Monstrant chacun de vous avoir le cœur zelé
A ce subiect si bon où ie l'ay appellé.

S. Catherine.

Il ne peut arriver un tel malheur au monde
Que voir l'homme nier Dieu où tout bien abonde,
Voir, dis-ie, ceux qui sont plus grands en dignité
Avoir donné leur cœur idolatre incité
Envers tant de faux dieux que chacun iour on forge
En son cerveau perclus, & quand on leur egorge
Tant & tant de taureaux cuidant ces actions
Suffire pour avoir des benedictions,
C'est en vain, c'est en vain que l'on fait ce massacre
Pour ces dieux inventez, & à leur simulacre:
Pauvres Alexandrins, vous estes bien trompez,
Voz taureaux pour neant vous avez decoupez
Ie le vous monstreray de la grace assistee
Du grand Dieu qui a fait la machine ventee,
Et veux aller trouver Maxence l'Empereur,

A fin

de saincte Catherine.

A fin de lui monstrer comme il est en erreur,
Faisant errer aussi ceux ausquels il commande.

l'Empereur.

Mes Dieux ont ce iourd'huy receu louange grande
De moy & mes subiets.

Saincte Catherine.

Il me faut hazarder,
Et pour vn bon subiet sans cainte l'aborder.
O Prince souuerain, Monarque redoutable
Ie vous prie escouter mon discours veritable;
Il est maintenant temps Empereur de sçauoir
D'où vous auez receu vostre estat, & puis voir
Cette deception où vostre ame se colle,
Et que tout le troupeau que i'ay veu qu'on immole
N'est qu'vn allechement enuers voz dieux trompeurs,
Maxence ce n'est pas leurs oracles pipeurs,
Qui vous font admirer, c'est vn Dieu plus louable,
Lequel vous a assis dans ce throsne admirable:
Ceux que vous adorez sont feints & fabuleux,
Leurs oracles aussi, & leurs dits nebuleux.
Parquoy Prince quittez ce mauuais Paganisme,
Pour viure desormais dans le Christianisme:
Que si vous ne voulez desaueugler voz yeux,
A fin de contempler le createur des cieux,
Appliquez vostre esprit à l'opinion saincte.
De Diodore sent, qui, d'vne voix non feinte,
Affirme que voz Dieux ça bas ont fait leur cours
Ainsi que font noz iours, en leur mortel concours,

Et que quelques humains d'vn iugement volage
Estans leurs obligez, viuans sous leurs seruage
Les ont creu vainement au ciel estre logez,
Mortels & immortels dedans estre changez,
Chacun ayant son nom & la surintendance
De quelque region où estoit leur puissance:
Mais ces paures humains qui estoient ignorans
Ont grandement peché, ces faux dieux adorans.
Si cela ne suffit vous verrez dauantage
En quelle opinion vn autheur de nostre aage
A estimé voz Dieux, voicy ce qu'il en dit
Que les grands qui auoyent icy bas du credit,
Et qui pouuoient encor forger en leur ceruelle
Pour seruir le public quelque chose nouuelle
A ces ambitieux temples on bastissoit,
Et pour eux, à malheur, festes on subissoit.
Voulez vous Empereur plus ample tesmoignage,
Plutarque le vous dit auec vn beau langage.
Il s'en mocque, il s'en rit, & de voz dieux gaussant
Cognoit qu'il en est vn infini tout puissant.
Ces autheurs sont à vous, & tels les ... vez croire,
Craignant de deualer dans la demeure noire,
Ie porte vn grand regret, & j'ay compassion
Du peuple qui vous suit à la perdition,
Comme estant leur seigneur, vsant vers eux de force
L'enfer vous donnera vne plus dure amorce
Qu'ils n'en endurerent: mais, ô Roy terrien,
Cognoissez qu'il y a vn moteur de tout bien,

Lequel

Lequel vous a donné & l'Empire & la vie,
Et qui en vn moment l'aura bien tost rauie
Il est seul & vray Dieu, immortel, Eternel,
Qui nous a tous sauuez, prenant estre charnel
A souffert en la croix, en l'estat d'innocence,
Et nostre vie vient de son obeyssance,
Embrassez celuy-là, & les vostres quittez.

l'Empereur.
Ie creiois ton discours vuide d'extremitez,
Tu as bien sermonné sans que i'en tienne conte.

Saincte Catherine.
Vous ne croiez donc pas ce que ie vous raconte.

l'Empereur.
Non ie ne le croy point, & veux effectuer
Ce que i'ay entrepris, & le continuer:
Quand cela sera fait ie te rendray contente,
Et feray qu'à mon vueil le tien mesme consente.

Saincte Catherine.
Plustost le clair Phœbus ira retrogradant
Que i'aille voz edits en vn seul point gardant.

l'Empereur.
Et bien bien l'on verra fille trop temeraire,
Si tu m'empescheras d'estre enuers toy seuere,
Ie te feray venir apres mes actions,
Pour entendre plus clair tes propositions:
Ie suis tout estonné de ceste outrecuidée,
Et de ses beaux sermons sa raison est bandée
Contre mon seul respect & ma deuotion:

Au lieu de se ranger à mon intention:
Mais elle changera son obstiné courage
Où son delit aura ma rigueur pour partage:
Sus allez promptement me la faire venir,
Pour voir si elle veut son propos maintenir:
L'on me mespriseroit, & ie serois blasmable
De souffrir mon statut estre vituperable,
Mais la voicy venir, vien çà approche toy,
Dis, as-tu resolu te bander contre moy,
Ie veux sçauoir ton nom, ta vie, & ta patrie.

Saincte Catherine.

Prince premierement ie suis d'Alexandrie,
Fille à ton deuancier, & de son sang Royal.

l'Empereur.

Ton estoc est plustost d'vn gros sang desloyal.

Saincte Catherine.

Mon pere deuant vous commandoit en Monarque.

l'Empereur.

Si tu estois de luy, tu porterois sa marque.

Saincte Catherine.

Sans faire autre discours Catherine est mon nom,
Vous le sçauez assez.

l'Empereur.

Vn Prince de renom
Sur tout mon deuancier, qui brillonnoit de gloire
N'auroit pas engendré tant mauuaise vipere.

Saincte Catherine.

Ie ne fay point de mal pour ma foy soustenir.

l'Em

de saincte Catherine.

l'Empereur.
Certes tu en fais trop de me contrevenir,
Quelle foy soustiens-tu en ta teste muable?

Saincte Catherine.
Vne foy qui iamais n'aura point de semblable.

l'Empereur.
Ton esprit a forgé cela à son plaisir.

Saincte Catherine.
Mon esprit n'a en soy qu'vn bon & sainct desir
Pour vous faire iouyr d'vn regne plus durable,
Que cil où vous viuez, lequel est perissable.

l'Empereur.
Quelle science t'a ces secrets inuentez?

Saincte Catherine.
Celle où mes ieunes ans se sont exercitez,
Comme fille premier d'vn heros inuincible:
Les bonnes mœurs de luy i'ay receu au possible,
Par veilles i'ay compris en moy profondement
Des beaux arts liberaux l'asseuré fondement.
De la Geometrie, & de la Rhetorique,
Et du plus relené c'est le Philosophicque:
Mais reiettant cela & tout humain sçauoir,
Ayant veu que çà bas nous ne pouuons auoir
Rien qui soit permanent, & que tout se termine,
I'ay fait vn vœu tres-sainct, où mon ame est encline,
De garder chasteté, espousant Iesus-Christ,
Les Prophetes de luy ont amplement escrit
Et son aduenement, & sa mere, & sa vie,

Et pour le croire ainsi Esaïe connuë
En termes relevez, disant ie destruiray
La sagesse du sage, & ie reprouueray
La prudence aux prudens, en luy donc ie me fonde,
Empereur fais ainsi.

l'Empereur.

Ah! plustost ie confonde
Sous le foudre ensoufré du grand dieu Iupiter,
Tu as fait ce discours, cuidant m'espouuanter:
Mettez-la en prison, car si elle ne change
Ses propos erronez, & subit ne se range
A faire mon vouloir, ie la feray pourrir
Dans des cachots noircis, ou la feray mourir,
Ie verray bien le bout de cette audacieuse,
Et son opinion du tout pernicieuse:
Si ma ieune saison n'auoit point fait son cours
Ie la rechercherois par amoureux discours,
Ayant pour ornement tout ce que l'on peut dire,
Aux hommes & aux dieux seruant du dur martyre.
Sa ieunesse me fait la dispute quitter:
Mais pour plus aisément son discours refuter,
Ie vay mander querir tous ceux de mon Empire,
Que l'on estimera sçauant & pour bien dire,
Messager mon amy rends moy donc ce deuoir
De me faire venir les hommes de sçauoir:
Car il se trouuera quelque Orateur habile,
Qui pourra subiuguer cette fille fragile,
Precipite tes pas, la saison le requiert,

Et puis vn officier grande louange acquiert,
Faisant subitement ce que son Roy commande.
Le Messager.
Monarque vous verrez ma diligence grande
Enuers vostre grandeur & mon affection.
l'Empereur.
Si Catherine tend à la seduction
Elle me forcera vser de ma colere,
Si ie suis vne fois emporté à ce faire
Tout tremblera sous moy, le supplice & tourment
Que ie luy donneray sera l'estonnement
De ceux qui la suiuront, ce seroit vne honte
Que de l'honneur des dieux on ne fit point de conte,
Les auoir à mespris leur gloire tarissant,
Et mon respect aussi à l'egal trahissant:
Ie quitteray plustost ma couronne & mon sceptre,
Et plustost mon estat cessera de paroistre
Auant que l'endurer, çà, çà, veicy venir
Mon Messager qui court, & sans se retenir
Il est accompagné de quelques personnages.
Le Messager.
Mon Prince i'ay trouué des Docteurs & des Sages
Qui ont bien resolu en tout vous faire veoir
Comme ils atterreront, moyennant leur sçauoir,
Cette fille qui fait à voz loix contrecarre.
l'Empereur.
Ie veux que ce delit en bref elle repare,
Venez mes bons amis vous soyez bien venu

Les Orateurs.
Prince puis que subiets nous vous sommes tenuz
Daignez nous commander.
    l'Empereur.
         I'ay fait vn sacrifice,
Les dieux remerciant de tout le benefice
Qu'ils m'ont benins donné, mais comme il se faisoit,
Et que les animaux en cendre on reduisoit
S'est presentee à moy vne fille arrogante,
Qui est, comme elle dit, de la race puissante
De feu mon deuancier, qui ferme a soustenu
Que ie faisois honneur à vn dieu incogneu,
Idolatrant apres son portrait, sa figure,
Et dit que sur vn Christ, non d'autre elle s'asseure,
Voire que par sa main les gonds de l'vniuers
Et les flambeaux du ciel ont leurs bases diuers,
Me cuidant suader de croire le semblable.
Or d'autant que ie suis à noz dieux respectable,
Ie vous ay fait venir, à fin de disputer,
Que si en disputant, vous pouuez l'emporter,
Ma main en vostre endroit se monstrera prodigue,
Et sur cent vers celuy qui domptera sa ligue.
    Le premier Orateur.
Ie suis bien estonné des contradictions
Que cette fille fait à vos intentions,
Et de leur forgement.
    l'Empereur.
         Ayez cette croyance
Qu'on ne la peut iuger que parfaite en science

D'vn esprit tout diuin.
Le premier Orateur.
Elle pourroit passer
En sçauoir celuy-là, qui a peu amasser
Le nom de bouche d'or.
l'Empereur.
Ie tiens que sa science
Doit surpasser en tout de Platon l'eloquence:
Parquoy munissez vous d'arguments bons & forts,
Comme si contre luy vous faisiez voz efforts,
Et si le sort permet qu'obteniez la victoire
Ie feray publier vostre los, vostre gloire
Par tout où ie suis craint, si vous perdez le pris,
Mes subiets me diront que ie les ay surpris:
Euitez ce mal-là, & pensez à l'audace
Que cette fille aura, si elle vous surpasse.
Le premier Orateur.
Faites la tost venir, car mon cœur est ardent
De luy faire quitter ce qui la va perdant.
l'Empereur.
Allez donc la querir pour voir son asseurance,
Contre ces Orateurs entrant en conference,
Cependant nous irons mon palais visiter.

ACTE

ACTE SECOND,

L'Ange,
L'Empereur,
Les Orateurs,
Saincte Catherine.

L'Ange.

IE viẽs des lieux diuins qu'on ne peut limiter,
Catherine ma sœur, & çà bas ie me lance,
Obeiſſant à Dieu, qui a ſur tout puiſſance,
A fin de t'aſſeurer comme tu dompteras
En ce conflit & duel, où toſt tu entreras :
Aye touſiours en luy vne ferme eſperance,
Son eſprit auquel giſt toute la ſapience
Logera dedans toy, tes propos confirmant
Contre ces Orateurs ſols en leur iugement,
Bon courage m'amour, tu gaigneras le palme,
Tirant ces aueuglez de l'eternelle flame,
Ils ſe rendront à toy, tu ſeras leur flambeau,

Et

Et constans te suiuront en vn monde nouueau.
Iette la crainte à part, ains en tout sois constante,
Pour de tes saincts desirs heureuse voir l'attente,
Ie me retire ayant fait ma vocation.

l'Empereur.

La voicy celle là qui a intention
D'abhorrer mes decrets, ô race viperine,
Il me faut obeïr, ou que ie te ruyne,
Le temps est arriué que ie desire voir,
Si le Dieu que tu sers a autant de pouuoir
Que ceux en qui ie croy.

Le premier Orateur.

Est-ce toy impudente,
Qui mesdis de noz dieux d'vne voix outrageante?

Saincte Catherine.

Ie suis celle vrayement qui blasme tes faux dieux,
Lesquels t'ont enseigné d'estre vn iniurieux,
Ie n'ay iamais logé dedans moy l'impudence,
L'outrage encore moins, ains parle sans offense,
En toute verité, & fort modestement.

Le premier Orateur.

Tu as dit verité, soit, en quoy, & comment
Voudrois-tu bien nier que les sublimes Poëtes
Que nous tenons des dieux estre les interpretes
Ne les nomment tres-haults, ton debile cerueau
Les voudroit rendre humains, & d'vn estre nouueau:
Ce n'est pas leur esprit comme l'on m'a fait croire
Qui t'induit à cela, ains plustost vne gloire.

Bastissant ton mal-heur.
Saincte Catherine.
Certes tu as bien dit,
Et iamais Orateur mieux que toy n'a predit
Ce que i'ay de mon Dieu, quoy que i'en sois indigne.
Le premier Orateur.
Que t'a-il peu donner?
Saincte Catherine.
La sapience insigne,
Pour laquelle acquerir deux points il faut tenir,
C'est de garder sa loy, de peché s'abstenir,
Ainsi nous l'a escrit Dauid Roy & Prophete,
Au discours que i'ay fait maintenant ie m'arreste:
Touchant voz dieux sourdins, & de plus fort maintiés
Que vous vous abusez de subir leurs liens
Auec iuste subiect i'vse de mocquerie,
Puis qu'ils sont enuers vous remplis de tromperie,
Ne les outrageant pas comme ils ont merité:
Mais puis qu'il faut icy sçauoir la verité,
Fay de tous tes autheurs vne verbale liste,
Et puis ie tiendray pied à mon antagoniste.
Le premier Orateur.
Tu me confesseras qu'Homere a attesté,
Et nommé Iupiter tres-grand en maiesté
Il commande là haut dans la voute azurée,
Où sa gloire iamais n'a esté mesurée:
Et pour les autres dieux il les dit immortels
C'est la raison pourquoy on leur fais des autels,

Le

de saincte Catherine. 297

Le lirique Orphee d'une grace tresbonne
En l'œuvre qu'il a fait nommee Theogone,
Rend grace à Apollon des Poëtes honoré
Par ce propos qui est de grandeur decoré.
Roy, dit-il, & le fils de la dame Latone,
Quand tu frappe là haut, icy bas tu estonne,
Il poursuit ses honneurs encor plus amplement
Disant, que de ses yeux il voit totalement
Ce qui se fait au ciel, & çà bas sur la terre,
Commandant aux mortels, & dans la main guerriere
Donne la mesme loy aux immortels aussi.
Veux-tu voir son discours plus à clair, le voicy
En termes bien aisés, ô Soleil qui esclaire,
Ton pennage doré te guinde en ton repaire:
Que repliqueras-tu maintenans à mes dits
Suffisans pour te faire observer les edits
De mon cher Empereur ? helas ! pauvre abusee
Ie ne sçay pas pourquoy tu as mis ta pensee
En ce Christ que tu dis, lequel fus mis à mort
Dessus une croix.

Saincte Catherine.

Las! il mourut à tort,
Car son grand precurseur à haute voix le nomme
L'Agneau immaculé, le Redempteur de l'homme.

Le premier Orateur.

Mais me monstreras-tu qu'on l'ait appellé Dieu

Saincte Catherine.

Ouy auparavant que sortir de ce lieu.

Le

Le premier Orateur.
Ah! tu n'as pas dequoy nul ancien, nul sage
De ceux qui ont escript n'en a point fait presage.
l'Empereur.
Il faudra maintenant respondre à ces raisons.
Saincte Catherine.
Ie le feray aussi en tous lieux & saisons.
l'Empereur.
Tu deurois bien ceder sans faire du temps porte.
Saincte Catherine.
Ceder: ha! ie rendray comme chose deserte
Tous les discours qu'a faits vostre grand Orateur,
Mais de nostre action soyez moderateur.
Le premier Orateur.
Dis ce que tu voudras tu en as la licence.
Saincte Catherine.
Les Poëtes vraiement ont creus en leur science
Tes discours alleguez à l'honneur de voz dieux.
Le premier Orateur.
Ah! tu as donc perdu.
Saincte Catherine.
     Tout beau, tout beau ie veux
Par l'esprit de celui qui me donne main forte
Faire qu'à tes erreurs tu fermeras la porte,
Et des propres autheurs que tu auras citez
Rendre tes arguments mols & debilitez:
Homere est le premier, dont tu sousttiens la lice
Qui charge Iupiter d'vn & puis d'autre vice,

L'appel

L'appellant un menteur, un pervers, un meschant,
Cauteleux, abuseur, trompeur, & allechant:
Il l'outrage bien plus d'une iniure vilaine
Lui reprochant qu'il a enduré la cadene
Sous Minerue, & Iunon, & le Neptunien,
Que si une Thetis qui procuroit son bien
Ne lui eust declaré toutes les entreprises,
Que Minerue & Iunon contre luy auoyent prises:
Et n'eust esté encor le bon & prompt secours
Qu'Egee lui donna, auquel il eut recours,
Comme ayant craionné & trouué le modelle
De l'essence qu'on voit diuine & naturelle
Aux hommes & aux dieux, le pauure Iupiter
Couroit risque de voir ces iours precipiter
Estroittement lié, & puis mocqué des femmes,
Et de Neptune encor, & souffrir leurs diffames.
A ce prime argument ie ne respond plus rien,
Le second est fondé sur le Musicien,
Qui fut dans les enfers trouuer son Euridice,
Lequel ne sera pas vers toy gueres propice,
Peuple retenez bien maintenant ces deux mots,
Qu'Orphee a dit iadis à ces gens idiots,
Vous auez la raison de folie assouuie,
Et de stupidité enuers voz Dieux sans vie:
Cela n'est pas du mien tu le verras bien mieux
Dans le liure appellé l'origine des dieux.
Voila tes arguments solus à ton dommage,
Mais escoute ie veux esclarcir d'auantage

O

Acte second

L'erreur qui te detient, porte ton iugement
Au discours que Sophocle a fait eloquemment,
Les termes en sont tels: Il est vn Dieu supresme,
Lequel crea le ciel & mit au milieu mesme
L'element terrien: apres il a fermez,
Les vents auec la mer l'un contre l'autre armez:
Il louë ainsi mon Dieu, mais, helas! qu'il te plaise
Escouter ce qui suit, c'est ce qui contrepese
O nous pauures humains abusez lourdement,
Dressons de grands autels à des Dieux vainement,
Employant à cela noz richesses exquises,
Qui deuroyent au grand Dieu estre plustost acquises,
Continuant vers eux nostre inclination
Nous tenons le sentier de la perdition,
Celebrant certains iours en memoire leurs festes,
Pour mõstrer noz serueurs en leur endroit parfaites.
Voila les mesmes mots, comme ils sont recitez
Qui ne peuuent de toy estre en rien refutez.

Le premier Orateur.
Cela n'est pas assez, il conuient que tu prouue
Cõme quelque ancien ton Dieu Iẽ Christ approuue,
Tu l'as ainsi promis.

S. Catherine.
Voire, & ie le feray,
Mais aussi tu croiras ce que t'alleguerai.

Le premier Orateur.
Plustost l'enfer beant dans son flanc m'engloutisst.

Saincte Catherine.
Mais plustost mon Sauueur benin te conuertisse,

C'est celui, Orateur, qui est ton Createur,
Et de tout l'vniuers mesme ton Redempteur,
Non de toy, mais aussi de tout l'humain lignage,
Lequel il a osté de l'infernal seruage.
Nostre esprit ne peut pas le comprendre dans soy,
Et ne le pouuons voir que des yeux de la foy,
Car il est infini, & en tout ineffable,
Puissant, doux, & benin, immortel, inscrutable:
Mais il te faut monstrer comme il s'est incarné,
Et de sa propre main humain à nous donné:
Comme il prenoit encor par sa diuine grace
Qu'il ne nous manque rien sur la terrestre masse.
La Sibille l'a dit d'vn esprit prophetic,
Voila son vrai discours, qui est bien autentic.
Vn à la fin viendra sur la terre poudreuse,
Lequel se fera chair sans cheute perilleuse,
Remarque ce mot d'vn d'emphase tout orné,
Et qui rend le discours de noblesse borné,
Souuerain medecin par son experience.
Il guerira les maux qu'incurables on pense:
Le peuple non croyant en haine le prendra,
Et comme vn malfacteur en la croix le pendra.
Les gesnes, les tourments qu'à tort on luy dois faire
Le rendront comme humain à la mort tributaire:
Mais il supportera le tout paisiblement,
La Sibille n'a peu parler plus clairement,
Tu le vois, tu le sçais, il n'y a point de doute,
Ta fausse opinion ie veux rendre resoute.

Auec le dernier point que i'ay trouué cité,
Apollon, quoy qu'il soit rempli d'obscurité,
Te fera voir, mon Dieu, par la verité pure
La mesme verité, voulant que ie l'asseure.
Vn celeste, dit-il, de clarté agissant
Me contraint de le voir trois fois resplendissant
Ce Dieu pour les humains humain s'est voulu faire
Sans voir l'estre diuin diminué de gloire,
Son corps est vrayement mort n'ayant esté subiect
A la corruption comme vn mortel obiect,
Selon l'humanité il a eu mocquerie,
Et des bourreaux cruels ressenty la furie,
Fut mis en vn tombeau, à fin de figurer
Qu'il faut apres noz iours aux vrnes demeurer,
Viuant il a pleuré, & donné chose seure
A cinq mille croyans de cinq pains la repeure:
Ce miracle fut fait par sa benignité
S'imparisant en tout à sa diuinité.
Voicy, ô Orateur, la foy & la creance
Que tient vostre Apollon, & si i'ay souuenance
Il la confirme encor disant Christ est mon Dieu,
Qui en resuscitant a quitté ce bas lieu
Pour habiter au ciel, voila vn tesmoignage,
Lequel ne permet pas en cercher d'auantage.
C'est pourquoy mon amy embrasse à bras ouuerts
Le deuoir que tu dois au Roy de l'vniuers.
Ce grand Dieu tant benin qui souffrit au Caluaire
Vne honteuse mort, pour bien heureux te faire:

Considere

de saincte Catherine.

Considere comment tout remply d'amitié
Vers les pauures humains il a par sa pitié
Fait marcher les boiteux, & donné iouïssance
De la veuë à l'aueugle, aueugle de naissance:
Les muets ont parlé à son commandement,
Et les lepreux ont eu entier nettoyement,
Confirmant plus son estre Aphaomegataire,
C'est qu'il a fait sortir les corps morts de leur biere:
Mais quand il eut souffert la mort pour nous sauuer,
Et que dedans le ciel son pere il fut trouuer
Ses douze grands tesmoins enfans d'obeïssance
Par tout cet vniuers porterent sa puissance,
Les vns vers le Miday, & chez l'Oriental,
Vers le Septentrion, & à l'Occidental,
Preschans publiquement ce Dieu, lequel me touche
A discourir ainsi pour te fermer la bouche,
Baptisant les croyans, faisans mesmes effects
Que leur maistre çà bas y vivant auoit faits.
Orateur quitte donc ta fausse loy Payenne,
Et croyant mon discours viens te rendre à la mienne,
Mon Dieu te tend les bras, presente luy ton cœur,
Car c'est luy, non pas moy qui sera ton vainqueur.

l'Empereur.

Vrayement c'est bien chanté, il ne faut te promettre
De le tromper ainsi pour le divertir d'estre
Constant enuers les dieux, & fidel enuers moy.

Saincte Catherine.

Ie ne le deçoy pas luy presentant la foy,

Non à luy seulement, mais à toute sa bande.
l'Empereur.
L'on m'ostera plustost ma royalle guirlande,
Que ie l'aduoüe ainsi.
Saincte Catherine.
Vous auez veu comment
Ie l'ay rendu confus & sans repliquement.
l'Empereur.
Tu n'as pas acheué, il faut ceux là entendre.
Saincte Catherine.
Ie suis tout maintenant disposée à respondre,
Qu'ils forment argument.
l'Empereur.
Courage mes amis
Domptez la pour auoir les dons par moy promis.
Le second Orateur.
Prince la verité que chacun doit eslire
Nous force, nous contraint franchement à vous dire,
Qu'on ne peut surmonter ceste fille en sçauoir.
l'Empereur.
Si la faut-il gaigner, faites vostre pouuoir.
Le troisiesme Orateur.
Qui pourroit subsister contre sa sapience,
Surpassant en grandeur toute humaine eloquence,
Homere & Ciceron elle surmonteroit,
Et Platon mesmement, qui donc la dompteroit?
Ie confesse pour moy le voyant veritable,
Que l'on n'a iamais veu esprit au sien semblable,
Et n'ose l'aborder crainte d'estre blasmé.

l'Empereur.

Et toy auras tu point le courage enflamé,
Ou quelques uns de vous pour à mon vueil la rendre.

Le second Orateur.

Quiconque ambitieux vn duel veut entreprendre
Contre plus grand que soy est souvent atterré:
C'est pourquoy Empereur ie suis bien asseuré
Que tous les Orateurs venuz pour la confondre
A ses hauts arguments ne pourroyent pas respondre,
Nostre chef est vaincu nous le sommes aussi.

l'Empereur.

Voulez vous delaisser cette dispute ainsi,
De mes dieux mesprisant l'essence tant haute etc.

Le troisiesme Orateur.

Sans auoir disputé nous sommes hors d'haleine,
Estans contraints en fin ceder à la raison.

l'Empereur.

Vous auez malheureux gousté de la poison
Qu'a produit ce serpent, mais par Iupin ie iure
Que vous en porterez vne peine tres dure
Se laisser vaincre ainsi, vous deuriez vous cacher
Laissant vostre renom d'ignorance tacher,
Qui soustiendra mes Dieux, si vous n'en auez cure?

Le troisiesme Orateur.

Ceux qui les seruiront pour en tirer vsure.

l'Empereur.

Auec desloyauté comme vous auez fait.
Ah! vous serez punis de vostre grand forfait.

O 4

Acte second

Ah! vous serez punis de vostre grand forfait.
Le troisiesme Orateur.
Nous souffrirons à tort.
l'Empereur.
Comment, suis ie un iniuste?
Le quatriesme Orateur.
Nous n'auons point commis ce que l'on nous impute.
l'Empereur.
Ie vous monstreray bien quel est vostre peché.
Le second Orateur.
Nostre renom iamais ne s'est veu entaché
D'aucun mal ou forfait.
l'Empereur.
Est ce pas une faute
Qu'on ne peut reparer, comme estans par trop haute
Abandonner ses dieux?
Le troisiesme Orateur.
Les auons nous quittez?
l'Empereur.
Non pas publiquement, mais voz timiditez
Font voir que vous auez les ames offensées.
Le quatriesme Orateur.
Nous n'auons point encor declaré noz pensées
Touchant voz deitez, & quand cela seroit
Il faudroit se ranger où le droit presseroit.
l'Empereur.
Quel droit prettendez vous croiant cette meschante?
Le second Orateur.

Heriter

de saincte Catherine.

Hercher dans le ciel la vie permanente.
l'Empereur.
Le sçauois ie pas bien que ces fils de demons
Auroient pris en leur cœur ses pestilents sermons,
Ces traistres desloiaux, ces fauteurs, ces rebelles
Que l'on ne peut punir de peines trop cruelles,
Vous mourrez, vous mourrez cela est decreté,
Soldats sus rendez moy promptement appresté
Vn feu bien violent pour leur donner salaire.
Le troisiesme Orateur pour tous.
Vierge il nous faut quitter pour ta doctrine croire
L'estre où nous voiageons en ce val terrien:
Mais fille de vertu ne nous impute rien,
Les fautes qu'enuers toy pouuons auoir commises,
Prie plustost pour nous, fay que tu nous conduises
Au baptesme sacré, qui fait le lauement
Du crime originel, & donne sauuement:
C'est nostre seul desir auant que la mort blesure
Nous face de sa loy voir le dernier extreme,
Nous sommes à tes pieds, vse de charité.
Saincte Catherine.
Vous estes bien heureux croyans la verité,
Et d'auoir renoncé vostre loy tenebreuse,
Pour cognoistre le Dieu qui rend nostre ame heureuse.
Si vous souffrez l'effort d'vn Roy qui est iré,
Vous auez le repos des esleus desiré,
Ne craignez point le feu, brauez ces chaudes flames,
Lesquelles seruiront pour baptiser voz ames

D'vn baptesme eternel, ô braues champions,
Soyez tousiours constans en voz afflictions:
Le fidelle a tousiours la croix au cœur pour marque,
Ie vous la donne amis pour conuaincre la Parque.
     l'Empereur.
Sus soldats depeschez, prenez ces insensez,
Et selon mon decret chez Pluton les lancez,
Faites qu'il sentent tost ces flames tant ardentes,
Que i'ay fait appresler pour leurs ames meschantes,
Trainez ces renegats, volages, odieux,
Indignes seulement d'estre deuant mes yeux:
Catherine m'amour il faut que ie confesse
Que de ces Orateurs tu es la dompteresse,
Qu'il n'y a rien ça bas qui puisse surpasser
Les lauriers que i'a fait la science amasser:
Tu es certes du sang d'vn Prince redoutable,
Dont la deuotion estoit du tout louable:
C'est la raison pourquoy ie te veux estimer,
Cherir, & honorer, priser, seruir, aimer,
Et reciproquement daigne de me complaire,
En conformant ton vueil à ce que ie desire.
Sacrifie à mes dieux, & tu m'obeiras,
Car me croyant ainsi, heureuse tu seras,
Tu auras de l'honneur faisans ce bon office,
Et en le refusant tu acquerras du vice:
Ensuy tes geniteurs pleins de deuotion,
Ensuy ton Empereur ardent d'affection
Enuers les dietez: crois moy belle Princesse,

          Le

Le respect de l'estat à ce devoir te presse,
Tu sçais bien que ie puis en honneur t'eslever,
Parquoy ne fay refus de mes loix approuver,
Et pense maintenant à ce que tu dois faire.

Saincte Catherine.

Maxence tu voudrois à la fin me distraire
Du sentier qui conduit dans le lieu supernel,
Ie te dis que tousiours i'aymeray l'Eternel,
Liee que ie suis de soustenir sa gloire.
Tu l'as desia cogneu, & ainsi le dois croire,
Tes propos attirans n'auront pas le pouvoir
De divertir le cœur de mon humble devoir,
Tu me voudrois piper, mais ta force est petite,
Le secours de Iesus ie prends pour exercite,
Il a le bras puissant pour maintenir les siens,
Et de les delivrer des prisons, des liens,
Pour lui seul est le fruict de ma fleur virginale,
Et puis, ô Empereur, ie voy que la cabale
De noz thresors mondains est subiette à perir,
Ne pouuans empescher nostre corps de mourir.
Fy de tous ces ioyaux qui ne sont que parer
Ce corps, lequel se doit de l'ame separer,
Ie les ay en horreur.

l'Empereur.

Tu n'as donc pas envie
De m'obeir en rien, & de garder ta vie.

Saincte Catherine.

Ie ne puis embrasser le but de ton desir.

Acte second

l'Empereur.
Tu le deurois pourtant pour me faire plaisir.

Saincte Catherine.
Que i'allasse quitter mon Sauueur debonnaire,
Pour suiure le statut qu'iniuste il t'a pleu faire:
Ne te le promets pas, i'aime mieux endurer
Pour mon Dieu, que me voir aux enfers torturer.
Fay ce que tu voudras, les tiens ie hayray,
Et à tous tes edicts iamais n'obeiray.

l'Empereur.
Ouure toy, ouure toy, ô maison infernalle
Devore ces aspis, & en ton flanc l'aualle:
Ie m'estonne Iupin comme vous la souffrez,
Sans luy faire sentir vos foudres ensoufrez,
Ie iure tous les Dieux que, deuat, ie reuere,
Qu'en bref tu gousteras le fruict de ma colere.
Ah! ie te traitteray ainsi qu'as merité
Et maudiras le iour où tu m'as despité:
I'ay trop patienté, & en vain ie supporte,
Il faut qu'à mon plaisir on te fouëtte de sorte
Auec des nerfs sechez de bœufs & de taureaux,
Ou bien de fouëts nouez faicts de petits cordeaux.
Ce sera le moyen d'abaisser ta malice,
Quand tu retourneras où ie rends ma iustice.
Sus soldats tirassez ce gibier de Pluton
Iusques à l'exposer au triple chef glouton.

Saincte Catherine.
Ne me tiez pas tant ie ne suis refusante
⁂ ⁂ ⁂ ⁂ Dieu & d'estre patiente.

ACTE TROISIESME.

Faustine Imperatrice,
Porphirio Capitaine,
Les Soldats,
Saincte Catherine.

Dialogue

L'Imperatrice.

ON dit comunement qu'en deux extremitez,
Où les esprits humains se voyent limitez
Il en faut choisir vne, & la plus profitable,
Et l'autre reietter comme estant dommageable:
Ie me voy balançant du costé du deuoir
Qu'à l'Empereur ie doy rendre de mon pouoir,
Et voyant d'autre part la fureur qu'il eslance
De son cœur boüillonnant offusquer sa clemence,
Ie suis en mon esprit sans resolution,
Quand on m'a rapporté la sanglante action
Que l'on vient d'exercer sur la tendre charnure
De cette Catherine, à qui l'alme nature

A

A fait tant de beaux dons pour la faire admirer.
Aussi tost i'ay senti mon desir respirer
De voir si sa beauté auec la grace iointe,
Et tant de qualitez dont on me l'a depeinte
Estoient vaines ou non, & ce mesme desir
De moment en moment mon ame vient saisir,
Ie n'auray point repos, si ie n'ay sa presence
Soit dedans la prison qui luy donne souffrance,
Ou bien en liberté: il faut donc pratiquer
Quelque homme bien fidel, & luy communiquer
Mon dessein en secret.

Porphirio.

Miserable est qui perte
La colere d'un Roy où sa haine l'emporte
D'en auoir veu l'essay, la crainte seulement
M'a saisi: mais il faut feindre icy tellement
Que tout soit incogneu à mon Imperatrice.

L'Imperatrice.

Voicy Porphirio qui m'a rendu seruice
Auec fidelité, ardeur, affection,
Ie luy veux declarer au vray l'ambition,
Qui me va nourrissant, puis il est seul au monde,
Sur lequel mes secrets ie bastis & ie fonde,
Il conuient luy parler, car il est estonné.

Porphirio.

Ie voudrois icy bas n'auoir point esté né.

L'Imperatrice.

Mon cher Porphirio d'ou viens-tu à ceste heure?

de saincte Catherine.

Porphirio.
Du palais où i'ay veu vne action bien dure.

L'Imperatrice.
Est-il vray mon amy ce qu'on m'a recité
De Catherine, helas! dis m'en la verité.

Porphirio.
Madame il est bien vray, mais de le pouuoir dire
Ie ne le puis pas faire, ains plustost ie souspire,
C'est vn estrange cas, c'est vn acte odieux,
Qui pourroit esmouuoir à pitié tous les dieux.

L'Imperatrice.
Fay moy tout le discours, ie desire l'entendre.

Porphirio.
Madame en premier lieu vous auez peu apprendre
Comme les orateurs au veu de l'Empereur
Ont enfin confessé qu'ils viuoient en erreur,
Et les a estouffez dans la flame & fumée
Qu'auoit determiné sa fureur allumée.

L'Imperatrice.
Et Catherine quoy?

Porphirio.
     Voyant qu'il n'auoit pas
Des gens pour la dompter à suiure ses appas
Il l'a mandé querir de la prison obscure
Où on la detenoit sans nulle forfaiture,
Luy parle d'amitié, luy promet des presens,
Si elle obeissoit, honneur aux dieux faisans:
Bref il fait son pouuoir, sa puissance & sa force,

Acte troisiesme

our pouuoir imprimer dans son cœur cet amorce,
ais elle qui estoit asseuree en sa foy
Vsa de tels propos à moy Prince, à mon Roy:
Tu n'auras pas de quoy, c'est son esprit desrompre,
Par argent & faueur cuider mes vœux corrompre,
Ie ne reputte rien tant & tant de thresors
Dans la terre serrez, ou qui en sont dehors:
Et i'estime encor moins cette pompe mondaine,
Qui tente les humains d'vne apparence vaine,
Tout cela ne peut pas en rien se comparer
Au bien où i'ay tousiours essayé d'aspirer:
Tu desire en ton cœur que i'aime tes idoles,
Et dessus leurs autels quelques bestes immoles,
Ie ne le feray pas, car cela ne conuient
A la religion qu'vn Chrestien maintient:
De me faire endurer tu seras volontaire,
Et donner à mon corps vn estrange martyre:
Ie ne crains point cela, ie ne fremis en rien,
Car ie veux partager à ce souuerain bien
Que les martyrs ont eu bataillans en ce monde
Pour exalter l'autheur de la machine ronde:
Cela dit, l'Empereur sans estre retenu
De moderation tel discours à tenu
A ses gardes, archers, prenez-moy cette Vierge,
Puis me la fustigez & de corde & de verge.
S'il le commande ainsi pareil en est l'effect,
Mais madame agreez que ce discours soit fait.

L'Imperatrice.

Poursuy

de Saincte Catherine.

Poursuy Porphirio.

Porphirio.

Las mon œil se desbonde
Sçachant le residu pour en bastir vne onde,
Tout s'est passé ainsi, ils ont pris rudement
Catherine, & osté son riche vestement,
Estant en nudité, ô chose trop cruelle,
On commence à frapper sur cette chair si belle,
Frapper, dis-ie, frapper: mais de coups si felons
Que le sang ruisseloit iusques sur les talons
Pour ne voir acheuer l'action stragieuse
Il m'a fallu sortir: mais, chose merueilleuse,
Que ce corps tendrelet durant tant de tourment
Crioit tousiours IESVS pour son soulagement,
Non pas d'vn cri qui fust poussé de violence,
Mais comme d'vn qui prend en son mal patience.
Madame ceux qui ont à cet acte assisté,
Ainsi que moy esmeuz à pitié ont esté:
Chacun s'en est allé detestant ce spectacle
Qui pourroit esbranler des grands dieux l'habitacle,
Ie n'eusse iamais creu l'Empereur posseder
Vn courroux qui pourroit les tigres exceder:
Voilà ce que i'en sçay, mais la ble est trop Madame.

L'Imperatrice.

Ie sens Porphirio, ie sens dedans mon ame
Vn extresme regret qui me vient affliger:
Mais si ie veux prier maintenant m'obliger.

Porphirio.

Acte troisiesme

Royne commandez-moy.
L'Imperatrice.
Quoy que le sort m'enuoye,
Il faut que ce iourd huy Catherine ie voye,
Et par ton seul moyen.
Porphirio.
Il est bien mal-aisé,
Pour ce que l'Empereur n'est encore appaisé.
L'Imperatrice.
Trouue vn expedient, & par argent hazarde
De gaigner les soldats ordonnez pour sa garde,
Ou par autre moien.
Porphirio.
Ie m'y efforceray
Au danger de mes iours, lesquels i'acheueray,
Madame en vous seruant.
L'Imperatrice.
Sans tarder d'auantage
Monstre de plus en plus l'ardeur de ton courage,
Ie ne croiray iamais que difficilement
Catherine en sa foy auoir tel fondement,
Sans auoir descouuert d'vne grand preuoiance
Quelque secret diuin: car voiant la constance
Qu'elle a eu en souffrant sans nulle esmotion
D'abandonner son Dieu, ie fay conclusion
Qu'vn tel Dieu a en soy quelque chose plus rare,
Que ceux où vostre esprit trop despourueu s'esgare:
Ie desire de voir ce bel astre brillant,

Qui

de saincte Catherine.

Qui passe de Titan le crin s'esparpillant:
Si l'Empereur sçavoit ma volonté conceüe,
Sa haine contre moy à l'instant seroit veüe,
Si bien qu'il faut celer ma bonne intention,
Et trompant l'Empereur en voir la fruition.
Voicy Porphirio qui a fait son message,
Et bien Porphirio.

    Porphirio.
      Madame i'ay eu gage
Vous ioüirez en fin de l'obiect souhaitté,
Car avec les Soldats i'ay cela arresté.
   L'Imperatrice.
Pourroit-il estre ainsi?
    Porphirio.
      Ouy ie vous asseure,
Car i'ay eu le credit ce pendant ma demeure,
Que d'avoir discouru avec elle en prison.
   L'Imperatrice.
Quand auray-ie cela?
    Porphirio.
      Quand sur nostre horison
Phœbus aura passé, & que l'on verra luire
La dame au front d'argent, à fin de nous conduire.
   Le premier des Soldats.
Cette fille soldat en noz mains on a mis,
A fin de la garder, ne soions endormis,
Veillons, veillons plustost comme enfans militaires.
   Le second Soldat.
         l'obei

J'obeiray plustost aux parques meurtrieres
Qu'elle sorte iamais ce feminin cerueau,
Voudroit nous enchanter apres son dieu nouueau,
Gardons nous de cela.

Le premier Soldat.

Quoy de croire vne femme
En quittant l'a nos dieux, nous aurions du diffame,
Il est bien dangereux que ses discours deduits
Rendent quelques subiets de l'Empereur seduits:
Beaucoup vont à tout vent, comme vne girouette,
N'ayant aucun esmoy de tout ce qu'il proiette:
S'il arriuoit ainsi on verroit redoubler
Sa fureur, tellement qu'il feroit tout trembler,
Mais quelle est cette-cy? c'est nostre Imperatrice.

Le second Soldat.

Nous sommes obligez de luy rendre seruice
Iusqu'au dernier souspir.

L'Imperatrice.

Porphyre suiuons
Ce que i'ay entrepris, puis que nous le pouuons
En toute seureté le bon-heur nous assiste,
Et la faueur des dieux me sert de conduite.
O ciel doux & benin qui as fauorisé
Le souhait où mon cœur à quelques iours visé.
Tu me fais sauourer les fruicts de ta puissance,
M'ayant conduitte icy d'vne douce influence.
Helas! que i'ay de bien & de contentement,
Catherine, de voir que tu es l'ornement

Q

de saincte Catherine.

De ce que nous cachoit le thresor de nature,
Ou bien celuy des dieux, dont ie te croy facture:
Nul bien ne se peut pas à mon bien comparer,
Estant proche de toy, tu te fais admirer
En ta perfection qui n'a point de limite.
Plus grande la voyant que l'on ne me l'a ditte:
Ie ne sçay si tu es le primice flambeau,
Contemplant la clarté de ton visage beau.
O fille que tu es de ton Sauveur aimee,
Puis que ta foy vers luy est si fort imprimee,
Garde sa saincte loy pour enfin acquerir
Ce que par foy on peut iuste luy requerir.

Saincte Catherine.

O Princesse pourquoy, pourquoy, disie, Princesse
As-tu daigné venir en ce lieu de tristesse,
Afin de visiter celle qui ne peut rien?
Ce bon & sainct desir Royne, derive bien
D'autre que toy, lequel d'amitié serieuse
Burine en ton esprit cette action pieuse.
Tu me dis bien heureuse, & moy egalement
Ce bon heur ie t'annonce aussi pareillement:
Le grand Dieu qui m'a fait ce bien de le cognoistre
A dessillé tes yeux pour contempler son estre.
O chere Imperatrice adoptis donc ce Dieu,
Qui a fait maintenant descendre dans ce lieu
Des Anges qui te sont vn beau present celeste
D'vn diadesme exquis qu'ils tiennent sur ta teste.
Ie les voy, les voilà ces esprits glorieux,

Acte troisiesme

Qui rendent ce lieu noir tant clair & lumineux,
Prens courage Faustine, & cet espoux embrasse,
Qui se presente à toy, sans craindre la menace
De celuy terrien qui t'a esté donné:
Car m'amour pour ton bien le ciel a ordonné,
Qu'en bref tu quitteras ce val plein de misere,
Cette mondanité, cette trompeuse gloire,
Cette couronne d'or, ces perles, diaments,
Qui ne sont aux humains sinon aueuglements:
Il faut mourir Faustine & souffrir le supplice,
Encore que tu sois tres grande Imperatrice.
Le flambeau premier né trois fois son cours sera,
Et les accomplissant le tien s'acheuera.

L'Imperatrice.

Cela est mal-aisé, nostre sexe est fragile.

Saincte Catherine.

Si tu crois comme moy il te sera facile.

L'Imperatrice.

I'ay crainte du tourment en ma prosperité.

Saincte Catherine.

Il faut auoir bon cœur contre l'aduersité.

L'Imperatrice.

Mais le ressentiment faut soudain que l'on change,
Et sur tout quand il faut qu'à son prince on se range.

Saincte Catherine.

Faustine ne crains rien prends resolution
De porter constamment toute l'affliction,
Qui te talonnera pour rendre diuertie

La piste que tu prends, ne sois assiettie
A ton Roy carnacier, d'autant qu'il ne peut rien
Que sur le corps mortel en ce val terrien:
Pour l'ame elle est à Dieu dont la toute-puissance
Luy donna le crayon pareil à sa semblance.
Porphirio.
O miroir de vertu ie suis fort curieux
D'estre sous le drapeau de ton Dieu glorieux:
Partant oblige moi sur le champ de me dire
Le moien d'y entrer, & s'il te plaist m'instruire.
Saincte Catherine.
Comment n'as-tu iamais noz caiers visité
Pour voir comme en erreur tu es precipité?
Porphirio.
Nenny: car i'ay passé ma saison printaniere
Aux combats martiaux, où la reigle guerriere
Trop servile de soy permet malaisement
Des liures la lecture, & leur enseignement.
Saincte Catherine.
Puis que du sainct Esprit prouient cette semonce
Auec le mesme Esprit, il faut que ie t'annonce
Les sentiers plus certains qui à salut nous meinent
Abregez en deux seuls, voicy ce qu'ils comprennent
Aimer Dieu de son cœur sa force & sa puissance,
Et son prochain aussi, luy donnant assistance:
Quiconque gardera ces deux points seulement
De l'Empire Æthéré aura iouïssement,
Comme les bien-heureux, qui ont couru sa lice

Acte troisiesme

De tourment, & trauail, de peine & de supplice
Chacun y est content selon sa dignité,
Et esleué aussi comme il a merité.
Les citadins esleuz de cette cité saincte,
En ont eu le seiour viuans en toute crainte.
Delaissans tous leurs biens, car le thresor supresme
Des Anges & des saincts est compris en Dieu mesme:
Bref ceux qui sont entrez au seiour des seiours
N'ont autre pensement que de chanter tousiours
A leur dieu immortel quelque diuin cantique,
Et des motets sacrez auec douce musique.

Porphirio.

Ie suis vrayement, ô vierge, en mon cœur satisfait
Du discours que tu as tant eloquemment fait.
Dans mon interieur, si ne dis que i'embrasse,
Et suiue le chemin que ie voy que tu trace.
Mais, ô chaste miroir, si tu veux m'obliger,
Parle moy des tourments qui peuuent affliger
Les ames des damnez dont la raison ingrate
Se monstra aux statuts du Dieu que tu exalte.

Saincte Catherine.

Auras-tu le pouuoir d'entendre tant de duel
Qu'ils sont hideux affreux dans l'infernal escueil?

Porphirio.

Ouy, ie l'auray bien.

Saincte Catherine.

Il faut estre bien stable.

Porphirio.

de saincte Catherine.

Il pourroit estre plus cent fois espouuantable.

Saincte Catherine.

Sçache Porphirio que nostre corps mourant,
L'ame s'en va au ciel, ou au lieu torturant:
Tu sçay en quel estat se voit la bien heureuse,
Et ie te veux monstrer comme est la malheureuse,
Au sortir de son corps ce diable est guestant
Le guichet comme fait vn bourreau, qui attend
Vn pauure patient condamné par iustice
A endurer la mort pour reparer son vice:
Ils l'empoignent cruels d'vne estrange façon,
Afin de leur donner l'infernale rançon:
Car ils sont tant cruels en leur estat damnable
Que tout leur desir est de nous le voir semblable,
Puis la tenant ainsi ils l'entrainent là bas,
Et luy font bien payer le fruict de ses esbats,
Si ceste ame en viuant a esté orgueilleuse
Elle sent de l'orgueil la peine furieuse:
Si à lubricité son cœur fut addonné,
Le mal de ce peché grief luy est donné,
Si elle a mis à mort sans mourir on luy baille
La peine des meurtriers qui sans fin la tenaille:
Bref de chacun peché il y a des tourmens,
Qui donnent aux damnez de cruels traittemens,
Dans l'Eternel pourpris on ne voit que lumiere,
En l'enfer il n'y a qu'obscurité entiere,
L'on ne chante là haut que benedictions,
Et là bas tout est plein de maledictions,

De cris, de hurlemens du tout espouuentables,
Que font en leurs tourmens ces ames miserables:
Le ciel est plein d'odeur par les saincts humecté,
Et l'enfer est d'vn air puant & infecté.
Les saincts de Paradis ont vne claire face,
Et les diables ont vne laide grimace:
Bref tout le paradis est remply d'vnion,
Et l'enfer n'a en soy que la diuision.
Voila Porphirio, voila la recompense
Que produit aux damnez leur desobeissance.

Porphirio.

Si cela est ainsi, las que deuiendrons nous,
O vierge me voicy deuant toy à genoux
Prie ton Dieu pour moy, à fin que debonnaire
Dans son sacré bercail il me donne repaire,
Vierge c'est mon desir, i'abhorre cet erreur,
Où i'estois embourbé comme mon Empereur,
Ie quitte maintenant ces idoles muettes,
Qui n'ont iamais esté que pour les demons faites:
Et pour tromper aussi les pauures ignorans
Trop prompts à les seruir en vain les adorans,
Ie ne veux que I E S V S, c'est luy que ie respire,
Ie le veux embrasser, c'est luy que ie desire,
Et le confesseray, voire publiquement
Sans craindre l'Empereur & son courroucement,
Faites Princesse ainsi pour estre glorieuse.

L'Imperatrice.

Ie suis de ce bien là maintenant enuieuse,

de saincte Catherine.

Et la veux achepter iusqu'au prix de mon sang.

Porphirio.

Madame ie seray aprés vous en ce rang,
Mais allons, il est temps que nous facions retraicte
Car Latone a desia presque sa course faite,
Prenez viste congé.

L'Imperatrice.

A Dieu miroir d'honneur,
Veille & prie pour nous.

Saincte Catherine.

Vous aurez ce bon heur.

L'Imperatrice.

Si l'Empereur soldats sçait icy ma venue,
Ie vous feray mourir qu'elle ne soit cognue
A nul pour vostre Rex.

Le second Soldat.

Nous ne le ferons pas,
Quand nous deurions, Princesse, endurer le trepas.

ACTE QVATRIESME.

L'Empereur,
Saincte Catherine,
Chursasadem Capitaine,
Chœur,
L'Imperatrice.

L'Empereur.

IE sçauray maintenant si cette prisonniere
En ses opinions sera tousiours entiere
D'vn estat affligé, les effects sont marquez,
Quand la rebellion rend les Rois prouoquez,
Et dedans vn estat il n'est boisson infecte,
Qui le tourmente plus qu'vne nouuelle secte
Forgee à son plaisir, cela est vrayement,
Et son sort veneneux paroist fort clairement
En l'esprit tout bouffi d'arroganes & audace
De ceste Catherine & sa maudite trace:
Mais ie croy qu'elle aura quelque ressentiment
D'aduoüer mes grands Dieux apres le chastiment
Que ie luy ay donné pour me vouloir desplaire,
Et de mes dittez le seruice distraire

de saincte Catherine.

Que si elle persiste en son opinion
Ie luy donneray bien autre punition:
Mon esprit cherchera tant de gesnes, tortures,
Qu'ils feront icy bas trembler les créatures:
L'Empereur qui commande à vn peuple ceder,
Le doit faire punir par des tourmens diuers,
I'obserueray cela sans receuoir excuse,
Ne donner nul pardon à celle qui abuse
De ma benignité, sortez la car ie croy
Qu'elle ne voudra plus desobliger son Roy,
Puis que le temps est venu, oy amais que ie sçache
Si tousiours du venin en son cœur elle cache:
Viens icy Catherine, & parle franchement
As tu resous en toy de croire entierement
En ton Dieu, en son Christ?

Saincte Catherine.
Son amour me domine.

l'Empereur.
A seruir ce Dieu là tu es par trop encline.

Saincte Catherine.
L'ame qui enuers luy beaucoup d'honneur conçoit
Dans le diuin pourpris le centuple reçoit:
Il s'est monstré à moy, m'a parlé de sa bouche
Cette nuict quand luisoit de Diane la torche
Auec propos si doux & si consolatifs,
Que pour les pratiquer ie rends mes sens actifs:
Et quand tout l'vniuers à mes iours seroit guerre,
Il ne pourra iamais m'en oster la memoire.

l'Empereur.
Ie te prie croy m'y, & fay ma volonté,
Et si enuers aucune i'ay monstré ma bonté,
Ie la redoubleray, croy cela peut te faire
Acquerir de l'honneur, & esleuer en gloire.
Si tu veux des thresors ie t'en distribueray,
Demande quoy que soit ie te l'ottroyeray.

Acte quatriesme

Bienque ie puisse vser, Monarque, de puissance,
Ie te prie pourtant laisser la resistance
Que tu fais à nos dieux, & vueil passer la loy
Que ton cher geniteur tenoit ainsi que moy.
Vn infant de cela croit, & le droit l'ordonne
Ce que son pere a creu si sa croyance est bonne.

Saincte Catherine.

Ie concede cela en ses termes compris,
Car si mon pere estoit en son viuant surpris
D'vne loy deceptiue, il ne faut pas conclurre
Qu'il n'y ait obligée estant sa geniture.

l'Empereur.

Le respect paternel s'y deuroit bien forcer.

Saincte Catherine.

Quand il s'agit d'vn bien il faut tout balancer.

l'Empereur.

Mais tu ne le fais pas.

Saincte Catherine.

     Mon pouuoir s'y employe.

l'Empereur.

Tu le fais bien plustost à celle fin qu'on croye,
Ton esprit plus aigu, & plus subtil aussi,
Que celuy de ton pere, & du mien tout ainsi:
Et puis l'orgueil encor d'auoir eu la conqueste
Dessus ces orateurs, accreu dans ta teste
Tient l'ambition, qui te va rongeant.

Saincte Catherine.

Tu peux en ton esprit t'aller ainsi iugeant,
Et t'abusses à tort: car s'ame ambitieuse
De vaine ambition est tousiours perilleuse,
Ie ne veux pas perir.

l'Empereur.

     Tu ne periras point,
Si à l'honneur des dieux tu rends ton cœur espoint,
Ainsi comme i'ay fait en faisant sacrifice.

Saincte

de saincte Catherine.

Saincte Catherine.
Iesus en qui ie croy doit auoir ce seruice.
l'Empereur.
C'est assez contredit, il faut aimer mes dieux.
Saincte Catherine.
Mais plustost les hayr comme estans vicieux.
l'Empereur.
Miserable veux tu ainsi perdre ta vie?
Saincte Catherine.
De me precipiter ie deteste l'enuie,
Mais si ie meurs, Maxence, aduouant mon Sauueur,
Mon tourment changera dans le ciel en faueur.
Chursasadem.
C'est trop perdre le temps, mon prince debonnaire,
Il faut que celle cy serue à tous d'exemplaire.
l'Empereur.
Ie iure Iupiter qui en main m'a posé
Ce sceptre, que i'auray en bref temps composé
Quelque dur chastiment, car ta teste obstinée
A rire de souffrir, fit en tout ma heur né,
Tu sentiras l'aigreur, amertume, & poison
Que ie vay composant pour toy auec raison:
Ie t'implore à secours, ô Megere cruelle,
Pour faire à ton plaisir de ceste criminelle.
Saincte Catherine.
Ose que tous met oiseaux, fay moy supplicier,
Vomis la cruauté de ton cœur carnacier
Contre mon corps tendret, tu ne me pourras faire
Renier mon Sauueur pour tes idoles croire.
l'Empereur.
Tirez la hors d'icy pendant que ie feray
Le dessein des tourments que ie luy donneray.
Mon cher Chursasadem il faut que tu m'oblige
De trouuer quelque outil qui sans cesse l'afflige,
Ie la veux guerdonner pour m'auoir irrité,

P

Acte quatriesme

Et se mecognoissans ma grandeur despité.

Chursasadem.

Mon prince vous avez trop eu de patience,
Et esté retenu de prendre la vengeance
De ses comportements, son desdain & mespris,
Dont il la faut punir elle a trop entrepris
De troubler le repos de vostre Monarchie,
Au lieu de se monstrer à vostre estat fle-hie:
Et partant ne deuez en rien la pardonner,
Ce seroit auec vous vn grand blasme trainer.

l'Empereur.

Pardonner, pardonner, & qui le pourroit faire,
Ie quitteray plustost de mon thrône la gloire,
Et l'on verra plustost cette froide saison
Chercher d'vn chaud esté le bruslant horison.
Les tritons mariniers quittant Thetis leur mere
Esliront leur seiour sur quelques colinieres:
Bref plustost l'on verra le Titan radieux
Perdre ses coins dorez qui esclairent nos yeux
Mais fuy tost mon amy, fabrique en diligence
Quelques engins cruels pour perdre la semence
D'vn tel surjon de mal.

Chursasadem.

O supresme grandeur
Faisons tost fabricquer deux pieces en rondeur,
A l'vne nous mettrons des lames bien coupantes,
Y faisant adiouster des alaines picquantes,
Sur l'autre nous mettrons tissue de liens,
Celle qui va fuyant nos dieux & tous leurs biens,
I'espere la forcer par ce tourment penible,
Ou bien elle sera en son corps insensible.

l'Empereur.

Si tu en as trouué la belle invention,
Fay que ie voye en bref leur manufaction.

Chur

de saincte Catherine.

Chursasadem.
Cela se fera tost, sans que rien me destourne,
Et estant acheué aussi tost ie retourne.
Iamais ie n'auois veu mon estat offenser,
Comme il est maintenant, & tel erreur glisser:
Encore si c'estoit quelque Monarque estrange
Qui le greuat ainsi, i'en tirerois reuange,
Soit en mettant aux chaines mes soldats indomptez,
Ou bruslant ses palais, ses villes, & citez:
Mais on ne peut tirer la raison d'vne femme
Sinon en s'exposant à la risee, au blasme
N'estant pas son estat de faire faction
De soldat, ains de faire autre occupation.
La femme ne se peut dompter que par la peine,
Encore bien souuent on la voit estre vaine.
Est ce Chursasadem que ie voy cheminer
Chargé de ses outils, à fin de ruiner
Ceste fille, c'est luy, il faut voir son ouurage.

Chursasadem.
Voila ce qui fera changer le beau langage
Et de vostre ennemie & de ses adherans.

l'Empereur.
Il ne s'est iamais veu engins si torturans,
Tout cela ira bien, faisons qu'elle les voye:
Catherine veux-tu donner ton corps en proye
A ces glaiues tranchans, il faut le declarer.
C'est l'heure maintenant, auant nous separer
Obey moy, gardant ta saison printaniere
Sans estre de ton corps toy mesme meurtriere.
Si tu le fais ainsi chacun te prisera,
Et moy encore plus qui tousiours t'aimera,
Regarde ces cousteaux de subtile affileure,
Et ion ces fers aussi cruels en leur pointure,
Sacrifie soudain, ou ie t'appliqueray
A ceste geste là, & pour fin te verray

Si les tours & retours de ces deux pieces rondes
Engloutiront auec leurs forces furibondes
L'abus qui te conduit, fais le choix maintenant.

Saincte Catherine.

Le choix est que j'iray mon Sauueur soustenant,
Et ne feray iamais à tes faux simulacres
Honneur, & moins de bœufs esgorgés & massacres.

l'Empereur.

Ah! tout le sang me bout, mon courroux ensemble
N'auoit iamais esté comme il est allumé:
Sus sus empoignez la, & qu'on me la torture,
Elle ne peut souffrir une peine trop dure,
Attachez & liez son corps à ces outils,
Pour luy faire gouster leurs tournemens subtils:
Te voila maintenant en fort bel equipage.

Saincte Catherine.

Ce n'est pas pour auoir commis vn brigandage.

l'Empereur.

Ton delit en delit est plus pernicieux.

Saincte Catherine.

Tout ce que tu m'impute est qu'au moteur des cieux
Ma croyance j'ay mise.

l'Empereur.

Croy, croy opiniastre.
Tu te repentiras quand il faudra combattre
Ce tourment, mais à tard.

Saincte Catherine.

Iamais vn repentir
Du bien ou ie pretends ne me peut diuertir.

l'Empereur.

Ie suis las de parler, tournez ceste machine.

Saincte Catherine.

Mon Dieu voyez cecy, gardez moy de ruyne.

Soldats.

A l'aide, O dieux, O dieux nous sommes accablez.

de saincte Catherine.

l'Empereur.

Cette fille, ie croy, nous a endiablez,
O moteurs eternels mes soldats sont à terre,
Et la gloutonne parque a sillé leur paupiere.

Chœur de filles Alexandrines.

O que grand est le Dieu que Catherine sert,
Qui luy a demonstré en ce triste concert
Comme il l'aime bien
D'un si doux lien,
Que les fers cuisans
Ne luy sont nuisans
Contre un plus grand que soy il ne faut disputer,
Et sur tout contre un Dieu craignans de s'irriter:
Son foudre il eslance,
Monstrant sa puissance,
Et en rien redoit,
Tout ce qui luy nuit.

l'Empereur.

Cuide tu auoir veu la fin de mes fleaux?
Non, non ie t'en feray ressentir de nouueaux,
I'auray la fin de toy, ou sinon le contraire
Tu la verras de moy dans un mortel repaire:
Inuocqueray plustost de Pluton le secours,
Ou le foudre qui fit sur Pelion son cours.
Iupin ne fera point vers moy la sourde oreille,
M'ayans tousiours aimé d'amitié nompareille,
Les furies d'enfer auec leurs couleuureaux
Me feront ce plaisir de ronger tes boyaux.
Le gros chien mastinier à triguenle beante,
Sans tresue attaquera ta carcasse puante:
Bref i'importuneray les lieux noirs & le ciel
Pour te faire vomir ton detestable fiel.
Mais voicy arriuer ma Reine ma Faustine.

l'Emperatrice.

O Prince le plus grand de la ronde machine,

P 6

Acte quatriesme.

Ie ne sçay qui vous pousse à nourrir le courroux
Ainsi que ie le voy estre logé en vous.
Où est vostre douceur, où est vostre clemence
En auez vous fait part au flame d'oubliance?
Vous aurez, Empereur, vn los peu triomphant
D'auoir ainsi dompté vne fille, vn enfant,
Fille, dis-ie, qui est de royal sang issue,
Et dont l'estat m'a fait pitié quand ie l'ay veuë.
Donnez luy liberté, elle a souffert assez.

l'Empereur.

I'ay bien d'autres tourments en vn bloc amassez
Pour la traitter encor.

L'Imperatrice.

Gardez que trop souuent
La fortune vous soit comme à elle contraire.

l'Empereur.

Si ie punis beaucoup, cela diuertira
Ceux qui l'imiteront.

L'Imperatrice.

Mais chacun vous dira
Bouffi de cruauté, amateur de carnage.

l'Empereur.

Ie ne suis point cruel en exerceant l'vsage
De mon bras iusticier.

L'Imperatrice.

Et quel crime a produit
Cette ieune princesse?

l'Empereur.

A elle pas seduit
Tous mes grands Orateurs?

L'Imperatrice.

Il sera impossible
Qu'elle quitte son Dieu, lequel est impassible.

l'Empereur.

Qui vous a dit cela?

de Saincte Catherine. 335

L'Imperatrice.
      L'effect me le fait voir,
C'est pourquoy ie vous prie, & de tous mon pouvoir
Ne donner point subiect à l'estranger de dire,
Maxence est sans pitié trop bouillant en son ire.

l'Empereur.
Qui te force Faustine à me contrecarrer?

L'Imperatrice.
La raison où il faut tousiours se mesurer.

l'Empereur.
Aurois tu bien succé son erreur veneneuse?

L'Imperatrice.
Iay sauouré le fruict dont i'estois desireuse,
Et ne le nie pas.

l'Empereur.
      O ciel, ô terre, ô dieux,
Pourrez vous supporter cela devant vos yeux,
Que ie sois guerroyé dans mon corps en mon ame,
Non de mes subiects seuls, mais de ma propre femme;
Il faut estre cruel, mais cruel, ô malheur!
Vers celle qui auoit de moy tout son honneur,
Et que i'allois aimer, voire plus que moy-mesme,
Qui luy faisois porter un Royal diadesme,
Miserable est ce ainsi que tu me cherissois,
Ou pour mieux dire vray que tu me trahissois?
Quel subiect en as tu, estois tu pas prisée
De moy & mes cliens comme mon espousée,
Tu auois la fortune à ten commandement,
Mais elle se presente un cruel changement.
Si lon vouloit parler d'vn acte fort louable,
On le tiroit de toy, meschante miserable,
Ha tu changeras tout, ou mes iours finiront.

L'Imperatrice.
Les tourmens si *** vou'ez au tumbeau s'en iront.

l'Empereur.

J'en disposeray bien quand me prendra l'envie.

l'Imperatrice.
Iesvs me gardera si tu requiers ma vie.

l'Empereur.
Ie verray maintenant s'il pourra t'assister
Lors que l'on te fera les mammelles sauter
D'avec ton estomach pour premiere torture,
En attendant encor quelque autre bien plus dure:
Ostez ces diamants, ces perles, ces rubis,
Ces belles chaines d'or, ces precieux habits,
Ie la veux degrader cette femme maudite
Des honneurs qu'elle auoit, puis qu'elle m'y excite
Pour engloutir son corps, l'enfer deuroit s'ouurir,
Et Pandore à l'egal de malheurs le couurir.

l'Imperatrice.
Ie n'ay point offensé, & partant inculpable.

l'Empereur.
Tu te veux excuser traistresse abominable.

l'Imperatrice.
Ie n'ay iamais dans moy la trahison nourri.

l'Empereur.
Elle a rendu ton cœur comme vn membre pourri.

l'Imperatrice.
Pour inciter le vostre à estre pitoyable,
Vous me rendez le fruict d'vn mary detestable,
Est-ce là comme on doit son espouse traitter?

l'Empereur.
Est-ce aussi le respect que tu me dois porter
De soustenir plustost d'vn autre la querelle,
Que non pas ma grandeur icy bas immortelle,
Qui endureroit tant?

l'Empereur.
        L'homme est contraint souuent
De sa femme endurer, & le droit reprennant
La haine en mon endroit.

de saincte Catherine.

l'Empereur.
                          Mais tu as pris la voye
Toy-mesme à me hayr.

l'Imperatrice.
                          Ce n'est la voye,
Si tu veux dessus toy mon courroux aiguiser,
Pour suiure Catherine il me faut mespriser.
Mais si tu veux ton bien iamais plus ne m'incite
De luy faire pardon, & tout son erreur quitte.

L'Imperatrice.
I'endureray plustost ce dur tenaillement,
Que de quitter le Dieu qui d'vne seulement.

l'Empereur.
Arrachez ses tetons auec cette tenaille.

L'Imperatrice.
O grand Dieu tu vois bien que pour toy ie bataille,
Ne m'abandonne pas.

l'Empereur.
                          Et qui te tirera-tu?
Où est ton Dieu, ton Christ, qu'il monstre sa vertu.

l'Imperatrice.
Ie ne l'oublie point, & suis en tout constante,
Car il me donnera le fruict de mon attente.

l'Empereur.
Ton cœur n'est pas contant de tes tourments soufferts,
Mais ie t'ennoiray tout à vn coup aux enfers.
Tirez-la hors d'icy, ie veux, c'est ma sentence
Qu'on luy face sortir la ville en diligence
Pour finir son destin, son mal-heur, son meschef,
Et par vn coup fatal, qu'on luy couppe le chef:
Va va maudite, va visiter l'Acheronte,
Sur ses riues il faut que tu croisse le conte.

ACTE

ACTE V. ET DERNIER.

Porphirio,
L'Empereur,
Saincte Catherine,
Les Soldats,
Chœur de femmes,
Les Anges.

Porphirio.

Vel acte, ô Empereur, allez-vous combattant
Vostre chere moitié de la façon traittant,
Vous acharner ainsi contre une telle dame,
Et abreger ses iours d'une mortelle lame:
On ne l'a iamais ouy, & puis sans avoir fait
Contre vous & l'estat nul crime ny forfait:
Ie suis bien estonné comme vostre courage
A esté seulement provoqué ce carnage,
Vn tygre Hircanien en sa ferocité
Seroit plus retenu que vous n'avez esté
Vers cette dame là, croyez vous la destruire
Par les eslancemens de vostre bouillante ire?
Non, non elle s'en va un espoux caresser
Qui a les bras ouverts, à fin de l'embrasser.

L'Empereur.

de saincte Catherine.

Ie voy Porphirio ton ame estre incensee.
Porphirio.
Ie suis mon Prince esmeu de la chose passee.
l'Empereur.
Pour garder mon estat il falloit faire ainsi.
Porphirio.
Ah! c'est trop se monstrer cruel & endurci
Vers celle qui estoit, non elle, mais vous mesme,
Et n'a point merité de voir la parque blesme.
l'Empereur.
Aurois tu pris ta part de l'infecté poison
Versé par cette fille estant en la prison,
Ie le crains grandement.
Porphirio.
                        I'ay receu sa doctrine
A l'imitation de ma Reine Faustine.
l'Empereur.
Helas Porphirio veux tu precipiter
Tes iours de la façon, mes dieux & moy quitter,
Euite bien cela.
Porphirio.
                    I'ay laissé le naufrage
Que vostre erreur en fin donne pour heritage,
Et pris autre sentier qui conduit dans les cieux.
l'Empereur.
Tu n'as iamais commis nul crime vicieux
Ne fais point voir le iour à quelqu'un, & qui puisse
T'apporter repentir, & qui plus est bannisse
Mes faueurs enuers toy ie les continueray,
Et ton aduancement en tout ie cheriray :
Tu porte sur le front de Mars le vray image,
Il ne faut pas ainsi abaisser ton courage,
Les assauts, les combats ne t'ont point estonné,
Ne suy pas cet aspic & son cœurs erroné,
Reiette le plustost hors de ta fantasie.

Acte cinquiesme & dernier

Car il est deriué de quelque fræi aisez
Et si tu ne le fais le mesme cha**!**iment
Que Faustine a receu sera ton payement.

Porphirio.

Ie suis prest de mourir moy & toute ma bande.

l'Empereur.

Tu desire la mort.

Porphirio.

C'est ce que ie demande.

l'Empereur.

Ha vrayment tu l'auras sans gueres retarder:
Il faut que ie t'enuoye aux enfers commander
Suiuy de tes soldats, prenez, trenez ces bestes
Qu'on ne les voye plus, faites couper leurs testes,
Peste de mon estat ie t'abastardiray,
Comme à ceux-cy i'ay fait ainsi ie te feray
Ce sera un grand bien & necessaire,
Lequel pourra seruir d'ehumne dix mylaire.
C'a il en faut sortir, à fin de terrasser
L'abus qu'elle pourroit aux miens faire embrasser,
Sortez la de prison pour luy donner l'once
De son detester esprit qui coupera sa vie.
Pour maintenir la paix ie treuue pour le mieux
De punir les mutins & les seditieux,
Astrainez, astrainez ceste infernale essence
Qui a fait son pouuoir de voiler ma puissance.
Ie iure, non en vain que bien tost tu verras
Le bord acheronté & les tiens prescheras:
Tu n'as point fait estat de toutes mes promesses
Et tu as reiettés les thresors & richesses
Que ie t'auois offert, miserable aimant mieux,
Qu'une fiere Atropos face siller tes yeux.

Saincte Catherine.

Tous mes iours ne sont rien ils passent comme l'ombre,
si ie les suis, ie suis mon encombre,

de saincte Catherine.

Mon ame & mon esprit ont vn contentement
D'aller voir ta Faustine au diuin firmament:
Porphirio aussi, & toute sa cohorte
Egorgez sans peché d'vne cruelle sorte
L'esprit de tous esprits guidant mes actions
A emporté le fruict de mes predictions,
I'ay esté l'instrument publiant le merite
De celuy qui parfait toute chose predite:
Car il est arriué comme ie t'auois dit
Les premiers de ta cour mespriser ton edit:
Mon Dieu les a receuz, ils ont tracé la voye
Que ie veux arpenter.

l'Empereur.

Sus sus qu'on luy enuoye,
Liurez la vistement dans les mains d'vn bourreau
Pour luy coupper le chef de son fatal cousteau:
Va visiter là bas la maison infernalle,
Et de salle plus bas, si plus bas on deualle,
Le chemin est tout prest sur le bord stigien
A fin de te passer chez le Plutonien.

Soldat.

Chemine allons, allons: car ton heure est venue,
N'espere desormais qu'elle soit retenue,
Il faut aller mourir.

Saincte Catherine.

C'est mon bien desireux,
Car i'espere d'aller auec les bien-heureux:
Mais soldats monstrez vous escurs moy debonnaires,
Me permettant icy de faire mes prieres.
Auant que ce corps mien subisse le trespas,
Cela est d'equité ne me refusez pas.

Soldat.

Nous te le concedons estans bien raisonnable
Pour consoler ce peu de ton temps miserable.

Saincte Catherine.

Acte cinquiesme, & dernier

Me voicy donc mon Dieu, ô mon Dieu me voicy
Iugee pour entrer dans le tumbeau noircy,
C'est pour l'amour de toy, ô grand Iuge seuere,
Et auoir soustenu ta maiesté, ta gloire:
Me voicy, disie, encor pour te remercier
D'auoir daigné mes pieds fonder & appuyer
Sur le ferme rocher, à fin que la tempeste
Du monde ne me fist faire vne fin funeste:
Tu as dressé mes pas, conduit mes actions,
Et distillé sur moy tes benedictions.
Maintenant pour combler ces graces si benignes
Receuez mon esprit auec vos mains tant dignes:
Ces mains, qui ont souffert des cloux le percement
Sans auoir rien meffait, mais pour mon pechement
Ie t'ay sacrifié pour donner à cognoistre
A ceste nation quel vers vous il faut estre,
Et comme vostre nom immortel affranchi
Doit rendre le genouil de tout humain fleschi.
Vous sçauez, ô mon Dieu, que toute creature
Est subiette à pecher, & se souiller d'ordure:
Et partant ne vueillez vostre courroux ietter
Sur moy qui ne pourroit deuant vous subsister,
Permettez mon Sauueur que le forfait, le crime
Que i'ay fait en viuant comme ignorante, infirme
Ne me soit point conté, lors que i'arriueray
Deuant le tribunal où ie vous beniray:
Mais plustost doux IESVS beau phare qui m'esclaire
Agreez que mon sang vous serue d'onde claire,
A fin de nettoyer les noirceurs & pechez,
Dont mon ame & mon corps pourroyent estre tachez.
Vous auez pardonné au renieur sainct Pierre,
A Paul persecuteur, à la femme adultere,
Faites en mon endroit les mesmes functions,
Et que i'aye comme eux vos sainctes functions.
Faites encor mon Dieu que ce corps plein d'vlceres

de saincte Catherine.

Ne puisse pas tomber dans les mains glouneurieres
Des meschans & pervers, lesquels ont resolu
En leur cœur trop felon de la rendre pelu,
Et comme il v. us a pleu par vostre providence
Faire que mon vouloir vous fit obeïssance,
Par elle mesme aussi iettez ça bas le: yeux
Sur tout ce peuple icy grandement vicieux,
Faites vous voir à luy, Dieu de grand exe[...]
Puis en vous cognoissant ma creance il imite,
Et pour fin mon Sauveur ottroye moy ce don,
Que ceux lesquels par moy demanderont pardon
Obtiennent de tes mains à donner tousiours preste
Si c'est pour leur salut le but de leurs requestes.
Ie demande cela d'une profonde ardeur,
A fin qu'à tout iamais on chante ta grandeur.
Mon Dieu, mon Dieu, mon Dieu permets que ie t'embrasse
Auec ces bras ouuerts pour contempler ta face.
O peuple ne croy pas ce mien sanglottement
Sortir craignant la mort, c'est pour ton errement.
Amande, amande toy, quitte ta loy meschante,
A fin que dans l'Enfer tu ne face descente.
Ie m'en vay pour subir l'arrest de cruauté,
Où le tyran Maxence a mes iours limité.

Chœur de femmes.

Allons compagne, allons, suiuons cette pucelle
Pour tant plus admirer sa constance si belle,
L'on ne verra iamais vn courage pareil,
Et sur tout quand il faut entrer dans le cercueil.
Helas la crainte me poursuit
Voyant Lachesis qui la suit,
Et deplore ce corps qui tombe
Dessous vne froide hecatombe.
Quelque diuinité luy donnoit du secours,
Lors qu'elle supportoit de ses tourmens le cours,
Et maintenant encor la voyant si constante,

e m?, & dernier
Dieu est plaisance:
craindre rien,
luy fait bien,
luy faire
& pour sa gloire.
corps mort estendu,
sur la terre espandu,
à nature contraire,
du laict de noz ariteres,

il luy plait,
ont, s'entends une harmonie
d'instrumens qui charme
Ceste musique là est de l'invention
D'vn grand musicien plein de perfection.
Les Anges.
O la belle conqueste
Que ceste Vierge a faicte
D'auoir gaigné son Dieu
En mourant en ce lieu.
L'ame est desia là haut
 ns de sang,
 ni face à face
 la grace

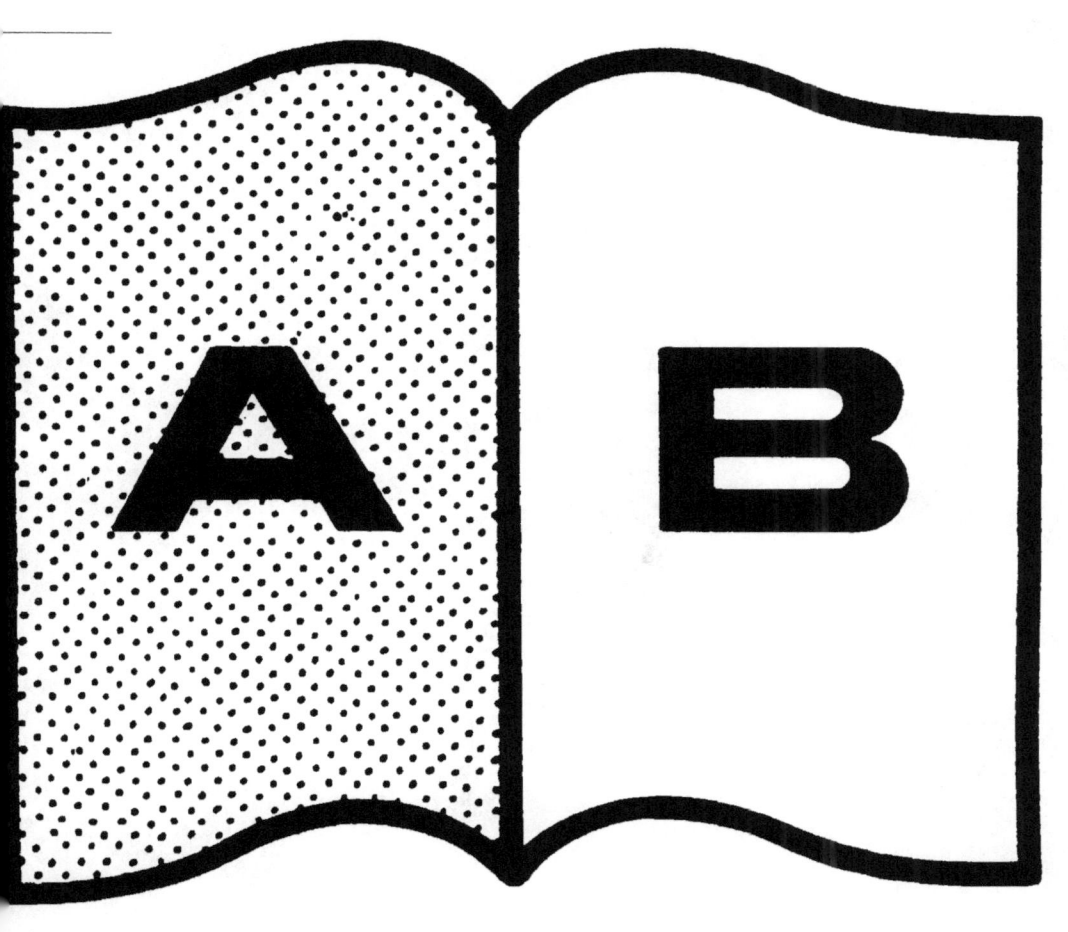

Contraste insuffisant

NF Z 43-120-14

www.ingramcontent.com/pod-product-compliance
Lightning Source LLC
Chambersburg PA
CBHW050731170426
43202CB00013B/2262